班组安全管理
流程与技巧

学习安全管理流程，为班组安全工作提供行动准则

掌握安全应对技巧，为班组安全工作提供有效措施

沈　健
贺向东
编著

中国石化出版社
HTTP://WWW.SINOPEC-PRESS.COM

内 容 提 要

《班组安全管理流程与技巧》共分为七个章节，主要介绍一线班组长为提高企业安全管理水平，在班组安全意识、现场管理、安全制度、职业健康、事故预防、事故应急处理、安全改善等七个方面需要具备的管理流程与技巧。前四个章节涉及班组日常安全管理内容，目的在于树立班组安全意识，加强班组日常管理。第五、第六章介绍常见事故的预防和应急处理，指导班组成员积极预防事故，即便发生事故时，也能临危不惧，合理施救。第七章运用诸多案例讲述了安全改善的策略，让班组成员面对安全隐患不再放任不管，通过寻求合适的手段，消灭企业存在的安全风险。

本书可适用于各类生产行业，可作为一线管理人员的安全管理必修书籍，也可为高层管理者提供参阅。

图书在版编目（CIP）数据

班组安全管理流程与技巧 / 沈健，贺向东编著. —北京：中国石化出版社，2020.6

ISBN 978-7-5114-5858-2

Ⅰ.①班… Ⅱ.①沈… ②贺… Ⅲ.①班组管理-安全管理 Ⅳ.①F406.6

中国版本图书馆CIP数据核字(2020)第099474号

中国石化出版社出版发行

地址：北京市东城区安定门外大街58号
邮编：100011　电话：(010)57512500
发行部电话：(010)57512575
http://www.sinopec-press.com
E-mail:press@sinopec.com
大厂回族自治县德诚印务有限公司印刷
全国各地新华书店经销

*

710×1000毫米 16开本 16.5印张 213千字
2020年8月第1版　2020年8月第1次印刷
定价：49.80元

序 言

班组是企业生产活动中的基础元素，企业的各项生产活动都要通过班组来实施，因此班组长在企业活动中对安全的管理和认知便显得尤为重要。安全管理工作的本质是保证员工以健康的心理和生理状态投入到工作中去，保证员工在工作中的安全，保证集体财产的安全，保证设备安全有序地生产。

班组是有效控制事故的前沿阵地，因此，抓安全管理必须要从班组抓起，这也是预防事故的基础。只有抓好班组安全管理，才能使“安全第一，预防为主”的方针和企业的各项安全工作落到实处，企业才能得到长足的发展。

本书围绕班组安全的意识、现场规范、安全制度执行、职业健康、安全事故的预防和处理等核心内容展开，通过对安全意识、现场规范、安全制度、职业健康的阐述，为读者展示可操作性、易执行性的作业流程和技巧，同时讲述了在生产过程中存在的风险及预防和应急处理措施。最后，提出独到新颖的安全改善策略和改善方法,让企业的安全管理水平不断提升。

书中讲述了诸多班组安全管理的技巧和经验，结合相关案例，深入浅出地分析了在安全管理中应该具有的技能和素养，以前沿的视角和观点剖析了安全生产中存在的弊病，并为安全生产提供正确的指南。这是一本实操性较强的提高安全能力的书籍，也是提高安全意识、增强安全技能的重要参考。

目　录

第六章　班组常见事故应急处理技巧

第七章　安全改善的策略与技巧

01 第一章

提高安全意识，健全安全文化

安全生产容不得丝毫的懈怠，班组需要时刻牢记安全责任重于泰山，真正担负起责任，做好安全知识培训，提高班组成员的安全意识。

做好安全文化推广

安全是促进企业发展必须具备的首要条件和重要保证，没有良好的安全生产环境，企业的发展就无从谈起。推广企业安全文化建设，是提高一线员工安全意识和安全技能的重要手段。企业安全文化成果的推广应用必须做到范围全面、层次分明、效果明显。切实从企业安全文化的宣传入手，逐步深入到制度文化、行为文化，广泛深入开展宣传教育活动，从根本上提高员工的安全意识，充分发挥安全文化在安全生产中的导向作用。

案例

素有“化工帝国”之称的杜邦公司已有两百多年的历史，杜邦公司刚创立时，以生产黑色炸药为主。炸药本身就是危险物品，由于公司的安全措施没有做到位，公司发生了许多事故。在1818年发生的一次事故中，只有一百多名员工的杜邦公司，有四十多名员工死亡，企业面临破产。

杜邦公司的炸药技术当时在世界上处于领先地位，美国联邦政府当时正打算开发西部，需要大量的炸药。因此，美国联邦政府给杜邦公司提供贷款，希望杜邦公司能够继续生产炸药。

得到了政府的贷款，杜邦公司总算免除了破产的威胁。但是这次事故也让杜邦公司彻底明白，真正的安全必须有制度和意识的保证，否则公司将不复存在。于是，公司开始重视安全，提出了一系列举措，其中包括建立“以人为本”的安全管理理念，即通过各种形式的安全教育和安全文化推广，让员工真正认识到，安全生产并不是对他们生产行为的约束与纠正，而是对他们人身安全的真正关怀与体贴。

两百多年来，杜邦公司毫不松懈地做着安全文化的宣传和推广工作。今天，杜邦公司已将安全文化融入日常工作中，杜邦公司的安全观念已成为企业文化的一部分。1900年，杜邦公司发生的重大安全事故超过一百起，而到1998年，杜邦公司已经能做到零安全事故。

安全文化的推广和员工安全意识的提高是企业长久生存的基石，那么，我们应该如何去推广安全文化，提高员工的安全意识呢？

首先，要经常开展安全文化的宣传和教育。开展安全文化宣传是做好安全文化成果推广、应用的前提和保障，是安全文化建设的一个重要组成部分。文化工程是一项系统性的基础工程，宣传工作就是为安全文化系列工程的建设提供规范的设计以及方针上的支持和系统上的保障。

实践证明，做好安全文化成果推广应用的宣传工作，需要做好以下几点：

第一，召集管理层、作业层等不同层次的代表召开专题动员会议，宣传安全文化建设的重要意义和实施安全文化成果的必要性，充分表明推广和应用安全文化成果的决心。

第二，配合安全文化建设组织部门的安排，各班组的安全文化建设成果要及时进行发布，并按照既定的推广计划，明确试点单位，确定推广时间和目标。

第三，制作并发放与活动相关的安全文化建设成果（视频、画册等）宣传品，在企业生产一线营造浓厚的安全文化氛围，使员工对安全文化成果产生浓厚兴趣，增强接受安全文化建设成果的迫切感。

第四，组织不同层级员工到生产线参观监督，展示安全文化建设成果，积极宣传参与安全文化建设的好处，使员工具有自豪感，产生内在文化心理效应，产生自我激励的动因。

第五，开展安全文化进家庭宣传活动，让员工家属了解员工生产活动流程，了解相关安全生产知识，充分调动职工家属的监督效应。

第六，利用海报等途径和方式，开展宣传教育，不断向员工宣传和灌输安全价值文化、理念文化、行为文化、技术文化，使员工能随时随地看到安全文化，感受到安全文化，享受到安全文化。

除了以上六点之外，在安全文化推广中，我们还要坚持做到：主题鲜明集中、切合企业实际、明确职能部门、内容丰富多彩、形式生动、群众广泛参与、注重实际效果，并不断创新改进。

其次，安全文化成果推广应用必须分层开展。安全文化建设是一个全员参与的活动，需要每一名员工，包括外来的临时务工人员甚至职工家属，熟悉企业的安全文化。为了让安全文化成果走进班组、走进企业、走进家庭，必须按不同的层次、不同的侧重点予以推进。

企业高级管理层要以安全文化理念、愿景为重点，把预防减少事故作为维护员工根本利益的重要手段，实现安全工作的目标。

班组长应当抓住重点，讲求实效，不断推广安全文化、技术文化，对各项安全制度进行深入、系统的宣传学习，充分发挥制度的约束力，杜绝违章指挥；通过事故案例分析，落实各项安全标准，减少事故的发生。

班组长需要以推广安全行为为重点，督促现场作业人员充分掌握安全生产技能，从“我要安全”变为“我会安全”；通过推广亲情文化，唤起员工对安全的渴望，在日常安全生产中，不断增强员工的责任感，从而对员工产生一种无形的约束作用。

安全文化只有得到企业员工的高度认同，员工才会自觉执行。因此，我们要使企业安全文化深深扎根于每个员工的心中，成为广大员工的共识，变成全体员工的共同信仰。

安全文化建设是一项长期的工作，在推广和应用安全文化成果的同时，我们要进一步研究和探索，总结经验，不断完善，通过安全文化成果的推广和应用，牢牢构筑安全生产防线，增强自身安全保障能力，为创建本质安全型单位奠定良好的基础。

落实安全知识培训

每个企业都会进行安全培训，但是，为什么还是有那么多的安全事故发生呢？实际上，很多企业的安全培训只是走个流程，虽然完成了培训，但是员工却没有把培训中的内容完全放在心上。在实际生产和施工的过程中，有时也没有按安全规范进行操作，他们会觉得，并不是每一次不规范操作都会导致安全事故，于是时间一长，大家就会放松警惕，滋生了侥幸心理，结果就埋下了安全隐患。

那么，应如何落实安全知识培训呢？

一、落实新员工入职安全知识培训

新入职员工必须参加安全知识培训，安全知识培训是班组安全教育培训的重要组成部分。通过安全知识培训，新入职员工可以充分了解安全防护、安全生产以及安全事故处理等方面的知识。

安全知识培训的重点是安全生产技术知识培训，包含一般生产技术知识、一般安全生产技术知识和专业安全生产技术知识等培训。其中，安全生产技术知识是生产技术知识的组成部分，因此，新入职员工要掌握安全生产技术知识，首先要掌握一般生产技术知识。从企业的角度来看，一般安全生产技术知识是企业所有员工都必须掌握的。一些特种作业人员还需要掌握专业安全生产技术知识。

新入职员工安全生产技术知识培训的具体内容如表1-1所示。

表1-1 新入职员工安全生产技术知识培训内容

类别	详细内容
一般生产技术知识培训	1.班组的基本生产情况、生产技术过程、作业方法或工艺流程； 2.与生产技术过程和作业方法相适应的各种机具设备的使用知识； 3.班组员工前期生产中积累的操作技能和经验，以及产品的构造、质量和规格等
一般安全生产技术知识培训	1.班组作业范围内的危险设备和区域及其安全防护的基本知识； 2.有关电气设备的基本安全知识； 3.起重机械和企业运输有关的基本安全知识； 4.生产中使用的有毒有害或可能散发有毒有害物质原材料的安全防护知识； 5.班组基本消防制度和规则； 6.个人防护用品的正确使用及事故应急处理办法等
专业安全生产技术知识培训	液压机械、起重机械、电气、焊接、防爆、防尘、防毒、密闭空间等方面的安全生产技术知识、安全生产操作规程

企业应根据班组安全知识培训内容及班组作业的实际情况，开发相应的新入职员工的安全知识培训课程。

二、落实转岗员工安全知识培训

转岗员工指换工作岗位的员工。这部分员工的工作地点、工作内容及工作中所接触的危险因素等因工作岗位的转换而发生了变化，因此转岗员工需要接受与新岗位有关的安全知识培训。

需接受转岗安全知识培训的员工包括以下三类：

（1）调换工种的员工；

（2）调换到与原岗位操作方法有差异的岗位；

（3）短期内参加生产的管理人员。

企业可通过日常教育、专业培训、岗位自学、师徒传授等形式，对转岗员工进行安全知识教育，促使其掌握新岗位所涉及的法律法规、消防知识、操作规程以及安全注意事项等内容，保证转岗全员规范上岗、持证上岗。班组常见的转岗员工安全知识培训的方式有四种（见图1-1）。

- **方式一**：将新岗位的安全操作规程、安全手册等发到转岗员工手里，由其自学，并采用考试形式，实施奖罚机制，调动其自学积极性。
- **方式二**：对转岗员工进行班前行为观察，督促其熟悉安全操作标准，掌握安全知识。
- **方式三**：利用班前学习时间，让转岗员工与老员工进行沟通交流、提问解答，以便转岗人员将安全知识牢记在心。
- **方式四**：选择有经验的老员工带领新转岗的员工进行工作，使新转岗的人员可以更好地掌握安全知识应用与实际操作。

图1-1 班组常见的转岗员工安全知识培训的四种方式

三、落实复岗员工安全知识培训

复岗安全知识培训是指职工因工伤、病愈复工或经过较长的假期后，复工上岗前需要接受的安全知识培训。复岗员工安全知识培训的要点如下：

（1）工伤复岗的安全知识培训。

首先，企业应对工伤事故进行分析，找出工伤事故原因，明确员工工作薄弱环节。员工复工上岗前，企业应对其缺失的岗位安全操作知识、有害因素预防措施及应急对策等进行安全培训，引导其端正思想认识，正确吸取教训，提高操作技能，避免操作上的失误，增强预防事故的信心。

其次，企业应对工伤复岗员工就岗前安全管理目标、安全管理方针以及安全作业标准等安全管理更新的内容进行培训。

（2）病愈复工和休长假后的复岗安全知识培训。

针对病愈复工和休长假后的员工的复岗安全知识培训，应结合复岗者的具体情况安排培训内容，主要包括重温本岗位安全操作规程，熟悉机器设备的性能，进行实际操作练习等。

四、落实新变更、新知识的培训

社会生产在不断发展，新的设备、新的原材料、新的技术、新的工艺不断出现和变化，同时，国家安全相关的法规也在修订、完善，因此企业需要对员工进行培训。当有新的设备、使用新的材料、执行新的工艺和生产新的产品时，必须对员工进行“四新”（新设备、新材料、新工艺、新产品）培训。培训内容如下：

“四新”的培训内容

1. 四新的特点及操作方法
2. “四新”投产过程中存在的职业危害因素、危险因素、危险源、危险区以及预防措施
3. 新安全防护装置的特点及操作规范
4. 新制定的安全管理制度及安全操作规程
5. 正确使用个人防护用品的新要求、新方法

推动安全操作技能培训

俗话说：凡事预则立，不预则废。抓好安全生产，需要平时做好各方面的工作。提高人的安全意识，增强职工岗位安全操作自觉性是非常关键的一点。通过安全培训，提高员工安全操作技能，真正做到将安全放在第一位，预防为主，落实到位，才能有效控制和减少安全事故，才能确保班组安全生产。

案例

2008年夏天，刚毕业后的我进入了一家制造工厂，在生产一线和设备天天打交道。同年9月底的时候，一位工程部的同事让我帮忙，一起做个改造设备的项目。说是帮忙，其实他也知道我是新人，也就只是让我搭把手罢了。设备改造接近尾声，因为还处于试验阶段，也就没有对员工进行标准操作的培训。但正是由于这一疏忽，对很多东西都充满好奇心的我，最后造成了一次事故。

工程部的同事因为有事离开了一会儿，我便开始研究起那台新改造的设备。那台设备不大，约半米高，中部伸出了一根轴，长约半米，轴的上面做了很多的凹槽（如图1-2所示）。

图1-2 新改造的设备

轴的旁边有一个联动的推杆，但是当时我不知道这个推杆的作用，于是我将右手放在有凹槽的轴上，左手去摆弄推杆，结果，轴居然开始转动了。我一紧张，担心轴转动会造成设备的损坏，于是潜意识地想用双手握住那个轴，想让它在我的力量下停止转动。但当我双手握住轴的时候，推杆也自由摆动到了垂直地面的位置，此时的轴不仅没有因为我握住了它而停止转动，反而以更快的速度开始旋转。突然，我的双手指尖传来一阵剧痛，我本能地松开了握住轴的手，也在这一时间明白了推杆的作用，立即用手背颤抖地将推杆举起放回原位，让轴停止了旋转。我低头看了一下手指，指缝间渗出了鲜血，赶紧回到办公室进行了简单的包扎处理。

出现这次事故的主要原因就是笔者当时缺乏安全操作技能培训。可以从笔者自身的经历中看到，安全操作技能的培训对所有员工都是非常重要的，否则极易造成安全事故。

没有进行安全操作技能培训就上岗，等同于没有拿到驾照就开车上路，这是相当危险的。像笔者这样因为好奇心而去违规操作新设备，最后造成受伤的安全事故和隐患，应引起重视。

因此，我们需要认真进行安全操作技能培训，全方位无死角地让所有员工能够正确安全地操作设备。

一、安全操作技能培训的内容

班组安全操作技能培训的内容应根据工种、作业性质、设备类型等分别进行，如图1-3所示。

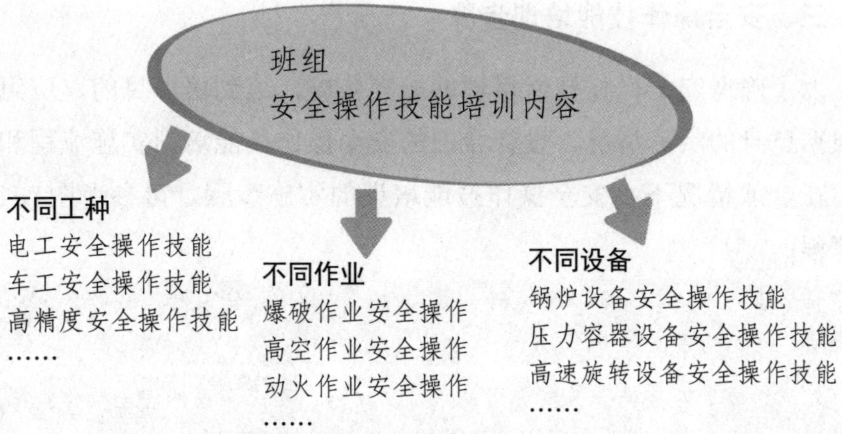

图1-3 安全操作技能培训内容

二、安全操作技能培训方式

在实际工作中可以采取以下方式进行安全操作技能的培训：

建立安全技能培训室。通过建立生产模型或者借助生产模拟软件，班组成员可以模拟安全生产操作。

开展安全操作技能专题讲座。可以让有安全专业知识或者安全经验丰富的老员工，开展安全操作技能专题讲座。讲座应满足通俗易懂、图文并茂、深入浅出、内容丰富实用、课堂上互动与课后考核相结合等要求。班组成员通过聆听讲座，学习相关内容，掌握各种安全器具的标准使用方法，明确工作过程中应该注意的各种安全事项。

开展岗位练习活动。班组长带领班组成员进行岗位安全操作训练，通过老师傅的传、帮、带，促使班组成员掌握安全操作技能。

组织安全操作技能竞赛。班组长定期组织班组成员进行安全操作技能竞赛，鼓励他们提高自身的安全操作技能。

组织全面安全检查。班组长定期组织全面安全生产检查，及时发现并纠正班组成员的不合理操作或违章作业等，及时批评指正，以提高安全操作技能。

三、安全操作技能培训步骤

为了确保安全操作技能培训的顺利实施，达到培训目的，班组长可根据自身的实际情况，设计合理的安全操作技能培训实施流程和步骤。在一般情况下，安全操作技能培训的实施步骤，可参考图1-4所示流程：

通过安全生产检查和安全操作技能竞赛等，了解班组成员安全操作技能的现状，发现其存在的不足及缺陷。

针对班组成员安全操作技能方面的不足及缺陷，确定合理的安全操作技能培训内容和方式，制订安全操作技能培训计划。

严格实施安全操作技能培训计划，并做好培训记录。

对于安全操作技能培训的效果进行评估，总结、吸取经验教训。

在培训结束后，相关人员应认真做好培训相关资料的整理、装订和存档保管工作，以备后续查阅使用。

图1-4 安全操作技能培训的实施步骤

四、安全操作技能培训注意事项

为保证安全操作技能培训的顺利实施，应该注意图1-5所示的内容。

01 在一般情况下，在制订安全操作技能培训计划时，应尽量将培训工作安排到生产淡季，以免耽误生产进度。

02 在制订安全操作技能培训计划时，应在保证提高班组成员安全操作技能的前提下，选择合适的培训方式，最大限度地降低培训成本。

03 在安全操作技能培训过程中，应注意合理采取奖惩措施，来达到不断激励班组成员提高自身安全操作技能的目的。

图1-5 安全操作技能培训注意事项

强化班组成员安全责任心

人们常说“安全生产要警钟长鸣”，这是因为安全生产容不得丝毫的懈怠。我们要时刻牢记安全责任重于泰山，要真正担负起班组长的责任。

责任就是安全的最后一道保险，只有每一个员工都具有强烈的责任心，才能保证生产安全、产品安全、服务安全。一旦责任心缺失，安全就不可能再有保障，事故就会不可避免地发生。许多大的安全事故基本都是由于责任心的缺失而造成的，这样的例子不胜枚举。

案例

某矿场上，A班班组的电机车主司机王某和副司机陈某根据车间调度安排，在23时20分来到指定地点从事剥岩作业。从采场去剥岩场进行作业的途中，电机车不慎将750V直流电线刮坏，电机车被迫停下来。副司机陈某向车间调度打电话请求停电，主司机王某却趁陈某打电话之际，在没有得到车间调度许可的情况下，戴着帆布手套，拿着绝缘棒，擅自爬上了电机车的顶棚，不慎被电到，并从电机车棚顶坠落到地面。副司机陈某见状，赶紧对王某进行人工呼吸，并再次打电话给车间调度，将王某紧急送往医院抢救。遗憾的是，王某经抢救无效并于次日0时24分左右死亡，年仅25岁。

这起安全事故就是典型的因安全责任意识不强而造成的惨痛事故。如果有着强烈的安全责任心，抱着对企业负责、对班组负责、对自己负责的态度，副司机是一定不会在还未落实停电的情况下进行操作的。

班组安全责任教育是非常重要的。员工的责任心，是企业的防火墙，是员工做好本职工作的最主要条件之一。在日常工作中要时刻强调安全的重要性，让每一个员工把安全放在心上，提高自己的责任心，把安全责任当成自己的职业使命。只有这样，才可以防范工作中的安全隐患，保证生产安全、产品安全和质量安全。所以，班组在进行安全教育的过程中，一定要多强化安全责任意识，引导员工把安全责任放在心上，以高度的责任心筑就安全的大堤。班组长可以通过以下四个方法，来达到提升班组成员责任心的目的：

（1）从思想工作入手，加强培训。

班组长要充分认识培训的重要性，认真做好班组的基础培训工作。在培训中清楚地告诉班组成员责任心是什么，具体怎么表现，应该怎么做才是对的，应该按照什么方法去做等等，通过日常的技术培训和安全培训，不断把责任心深入员工思想。

（2）完善操作及安全规程。

完善工作中的各种操作和安全规程，让班组充分学习掌握它们，并在工作中督促班组成员按照正确的规程和方法去开展工作。这些正确的规程和方法将在工作中逐步地潜移默化成为班组成员的责任心、能力和习惯。因此，在工作中对规程的正确执行非常重要，是班组长必须花大量时间去完善、去督促的。

（3）完善生产制度。

制度是保证班组安全运作的基础。制度是一种强制性的工具，它能很明确地告诉班组成员什么事情可以做，什么事情不可以做，如果做错了事会受到什么样惩罚。在制度的约束下，员工清楚地知道是非对错，员工的责任心会自然增强，因为如果责任心不强，就会出错，就会受到制度的惩罚。这就要求班组成员要有责任心。

（4）建立和谐班组氛围。

氛围包括班组的安全氛围、工作氛围、责任心氛围等。近朱者赤，近墨者黑。任何一名员工，在一个良好的氛围中都会不知不觉地被影响，从而做出与这个氛围相符的事情。因此，班组长要致力于建立良好的班组氛围，以带动全体成员的共同进步。

要把“责任感”作为安全工作的核心，以严肃、踏实的态度对待安全工作，绝不能马虎，绝不敷衍了事。任何一个人要想干好一件事，都必须具备强烈的责任感。有了这种责任感，才能以积极的态度面对困难，从而克服消极的、敷衍的思想，产生内在的驱动力，这才是我们取得成功的关键。

分享安全事例，提高安全意识

统计数据显示，98%的事故是由人为原因引起的，其中安全意识薄弱的因素占到90%以上，而安全技术水平原因所占比例不到10%。在很多安全培训中，人们总是把90%的精力用在了提高安全技术水平上，只把10%的精力用在了强调安全意识上。因此，在实际工作中，需要更多地去做提高安全意识的工作。

案例

在某矿场上，安装工鲁某在13时左右在工作面正巷回棚时发生了一起工伤事故，造成头部颅骨骨折。事故经过是：该班安排由副队长王某、安装工鲁某和其他三人在工作面正巷回撤单体柱和棚子。到达工作现场检查后开始回棚，当回到第十五架时，由于柱子被压死，而且倾斜于巷道向里的方向，于是副队长王某、安装工鲁某和现场其他三人把绳头捆绑固定在柱子下端，便打信号让绞车拉柱子。在拉的过程中，柱子被拉断，绳头弹回打在鲁某的右臂，鲁某摔倒，头部磕伤。

经过分析，造成事故的原因有以下两点：

第一，副队长王某、安装工鲁某安全意识不足，不执行回棚期间的安全措施，在绞车运行的范围内站立，是造成工伤的直接原因。

第二，对于回撤压死的柱子和棚腿没有采取相应的安全预防措施，致使柱子被拉断，是造成事故的次要原因。

总的来说，这次事故的发生主要是因为工作人员安全意识薄弱，没有按照既定的安全操作要求进行作业。

理论永远离不开实践，教育永远离不开案例。班组长可以分享事故案例，增强班组成员的安全警觉性。对于漠视安全知识学习、忽视安全重要性的人来说，安全事例更是一次次响在他们心头的警钟。

针对事故案例教育，班组长可以做以下工作：不断提高员工的安全意识，不断提高员工的安全警觉性和自我保护意识，使安全教育贴近实际、贴近员工；选取以往安全生产工作中发生过的典型事故案例，充分利用班前会的时间，对每个典型事故案例发生的时间、经过、原因、造成的损失、教训等进行深入细致的讲解；通过事故案例教育，使生产一线员工重温一幕幕典型事故经过，不断反思，引以为戒，克服骄傲自满、麻痹松懈的情绪，促使生产一线员工牢固树立“安全第一、预防为主”的理念，一步步提升班组员工的安全意识。

事故案例教育是指把已经发生的事故，作为一个个案例来开展安全教育的一种方法。此种教育方法的目的是通过对事故案例的剖析研究，总结经验，进而改进工作方法，避免重复性事故的发生，它能带来以下四点作用：

（1）警醒员工，铭刻在心。

班组通过事故案例教育，使员工对已发事故有一个全面的了解。员工对发生在自己身边的事故印象最深，这些事故案例最具感染力，最有说服力。这种教育最直观，能强化员工的安全生产意识，能启迪员工的安全生产思想，能使员工对事故进行反思，所收到的效果是书本教育或说服教育所无法做到的，对纠正员工的不安全行为起到非常重要的作用。

（2）分析案例，改进方法。

班组通过事故案例教育，使员工对已发事故进行深入细致的分析，从中发现哪些地方违反了安全规程，哪些环节违背了安全制度，哪些方面歪曲了安全标准，进而在头脑中加深对安全规程、制度、标准的理解，在今后的工作中，避免违章作业，改进工艺工序。这种教育能改善工作方法，提高操作技能，优化作业程序，使安全规程更完善、安全制度更健全、安全标准更科学。

（3）细化检查，消除缺陷。

通过事故安全教育，员工可以回看原来的安全检查项目，从中发现还有哪些没有做到位，还有哪些漏洞，还有哪些需要强化，从而细化安全检查标准，对消除隐患、缺陷，特别是一些死角以及新的危险点有好处，这也为今后的安全操作、安全检修打下了良好的基础。

（4）研究对策，确保安全。

事故案例教育为今后安全生产工作提供了决策依据。沉痛的事故，使人们吃一堑长一智。在生产过程中，首先想到的是以往曾发生过什么事故，事故是何种原因造成的，现在的工作中要注意什么、要加强什么、要改进什么，从而全面确保生产作业过程中的安全，避免重复性事故的发生。班组通过事故案例教育，能够警醒员工、改进方法、细化检查、研究对策，从而确保班组安全生产。

安全案例学习的好处在于，能够让员工有身临其境的感受，通过模拟或者重现现实生活中的一些场景，让班组成员把自己纳入案例场景。教学中既可以通过分析、比较，研究各种各样的成功经验和失败教训，从中得出一般性的管理结论，也可以通过自己的思考来拓宽视野。

02

第二章

现场安全管理流程与技巧

很多时候我们还来不及做出反应，事故就已发生。因此，我们必须把安全工作做到前面，严格按照5S管理、GEMBA管理、目视化管理和现场设备的安全管理要求执行，建立现场安全快速反馈机制，真正把好安全关。

推行现场5S管理

生产现场是一个动态、复杂、多变的系统，是物质流动、信息流动、人员流动交汇的场所，是企业各项管理的焦点，也是事故的多发地带。全国各类安全事故几乎都发生在生产作业的现场，因此，生产现场管理是做好安全生产工作的重中之重，是减少和杜绝事故发生的重要措施，是实现安全生产目标的重要途径。

5S管理是班组现场管理最实用、最有效的方法。5S管理起源于日本，是指在生产现场对人员、机器、材料、方法等生产要素进行有效的管理。5S管理具体是指“整理”“整顿”“清扫”“清洁”和“素养”，因这五个词语在日语罗马拼音的首字母都是“S”，所以简称为“5S”。开展以整理、整顿、清扫、清洁和素养为内容的活动，称为“5S”活动。

一、1S——整理

1.整理的定义

区分要与不要的物品，现场只保留必需的物品。

2.整理的目的

（1）改善和增加作业面积；

（2）现场无杂物，行道通畅，提高工作效率；

（3）减少磕碰的机会，保障安全，提高质量；

（4）消除管理上的混放、混料等差错事故；

（5）有利于减少库存量，节约资金。

整理的意义在于，把要与不要的人、事、物分开，再将不需要的人、事、物加以处理，对生产现场的物品进行分类，区分什么是现场需要的，什么是现场不需要的。另外，现场不需要的物品，诸如用剩的材料、多余的半成品、切下的料头、切屑、垃圾、废品、多余的工具、报废的设备、员工的个人生活用品等，要坚决清理出生产现场。这项工作的重点在于，坚决把现场不需要的东西清理掉。对工位或设备的前后、通道左右、工具箱内外，以及各个死角，都要彻底搜寻和清理，要做到现场无不用之物。

3.整理的要点

（1）把握要与不要的基准；

（2）确定需要放置的位置；

（3）不要物品的处理基准。

二、2S——整顿

1.整顿的定义

必需品依据定点、定量、定容的三定原则，整齐有序堆放，并明确标示。

2.整顿的目的

不浪费时间寻找物品，提高工作效率和产品质量，保障生产安全。

3.整顿的意义

把需要的人、事、物加以定点、定量、定放置标准；通过前一步1S的整理后，对生产现场需要留下的物品进行科学合理的布置和摆放，以便用最快的速度取得所需之物，在最有效的规章、制度和最简捷安全的流程下完成作业。

4.整顿的要点

（1）物品摆放要有固定的地点和区域，以便于寻找，消除因混放、错放而造成的差错；

（2）物品摆放地点要科学合理，例如，在保障安全的前提下，根据物品使用的频率，经常使用的东西应放得近些（如放在作业区内），偶尔使用或不常使用的东西则应放得远些（如集中放在企业某处）；

（3）物品摆放目视化（指通过简单、直观的方式来展示所需物品或信息，让人一眼就能够了解目前物品和信息的状态），使需要的物品做到过目知数，避免短缺，摆放不同物品的区域采用不同的色彩和标记加以区别。

三、3S——清扫

1.清扫的定义

清除现场内的脏污、清除作业区域的物料垃圾。

2.清扫的目的

清除“脏污”，保持现场干净、明亮。

3.清扫的意义

将工作场所的污垢去除，使异常、安全隐患等容易被发现。

4.清扫的要点

（1）自己使用的物品，如设备、工具等，要自己清扫，而不要依赖他人，不增加专门的清扫工。

（2）对设备的清扫，可以同时着眼于对设备的维护保养。清扫设备要同设备的点检结合起来，清扫即点检。清扫设备要同时做设备的润滑工作，清扫也是保养。

（3）清扫也是为了改善。当清扫地面时，发现有异常漏料和油水泄漏时，要查明原因，并采取措施加以改进。

以下是一个因为没有进行清扫工作而造成安全事故的案例，从中我们也可以发现清扫工作对于现场安全的重要性。

案例

2003年11月8日，江苏某机械加工厂一名女工在正常操作设备时，设备突然异常报警，该女工跑着去处理。由于地面油渍及生产过程中的废品没有及时清理，在小跑过程中，她左脚微滑、身体后斜，右脚踩在废品零件上，整个身体失去平衡摔倒，致使长发被旋转的设备缠绕，造成严重伤害事故。

四、4S——清洁

1.清洁的定义

将整理、整顿、清扫实施的做法制度化、规范化，维持其成果。

2.清洁的目的

认真维护并坚持整理、整顿、清扫的效果，使其保持最佳状态，让员工在安全的环境下进行生产。

3.清洁的意义

通过对整理、整顿、清扫活动的坚持与深入，从而消除发生安全事故的根源，创造一个良好的工作环境，使员工能愉快地工作。

4.清洁的要点

（1）企业环境不仅要整齐，而且要做到清洁卫生，保证员工身体健康，提高员工劳动热情；

（2）不仅物品要清洁，而且员工本身也要做到清洁，如工作服要清洁，仪表要整洁，及时理发、刮须、修指甲、洗澡等；

（3）员工不仅要做到形体上的清洁，而且要做到精神上的“清洁”，待人要讲礼貌，要尊重别人；

（4）要使环境不受污染，进一步消除浑浊的空气、粉尘、噪声和污染源，消灭潜在的职业病危害。

五、5S——素养

1.素养的定义

人人按章操作、依规行事，养成良好的习惯。

2.素养的目的

提升“人的品质”，培养对任何工作都认真的人。

3.素养的意义

努力提高人员的修养，使人员养成严格遵守规章制度的习惯和作风。

现场5S管理最重要的是，保证了现场生产环境的清洁和安全，使现场生产安全有保障，消除了现场事故隐患，尽可能避免员工受到伤害。工作环境整洁，通道畅通，危险点隔离管制，并有醒目的标志提示，会让员工安心放心，有效地避免意外事故的发生。

工作现场的清洁和及时整理至关重要，5S活动不仅是稳定产品质量和提高生产效率不可缺少的基本活动，也是防止事故的基石。要做好与5S相关的安全工作，班组长要注意以下几个重点：

1.作业服装

（1）是否保持清洁；

（2）纽扣是否脱落或有破损；

（3）作业鞋的后跟是否断裂，鞋带是否松脱；

（4）在指定作业中是否佩戴安全帽；

（5）身上是否带有尖锐物品。

2.保护用品（眼镜、口罩、耳塞等）

（1）是否正确佩戴眼镜、耳塞等防护用品；

（2）是否正确更换过滤用品；

（3）是否随时备有备用品；

（4）是否指定保管地点并正确保管。

3.通道

（1）通道上是否放置了物品；

（2）是否有凹凸不平的地方；

（3）是否有油或水；

（4）是否有电线或管道横穿过道的不安全现象；

（5）进出口的宽窄或高度等有无问题。

4.作业场所的地面

（1）是否有生产不用的物品；

（2）电线或管道等是否安全；

（3）扫除用具、备品等是否保管在指定场所；

（4）电源柜、消火栓、防火设备、安全门等地方是否被遮挡；

（5）整理、整顿有无问题。

5.有机溶剂等特殊物品

（1）保管地点是否标明了保管物品的内容及责任者，是否按类别整理保管；

（2）容器是否有盖以防止蒸发，是否有溢流、泄漏等现象；

（3）沾有油污的废棉纱头是否保存在带盖的不燃容器内；

（4）保管仓库是否定期点检，是否备有消火栓，是否标有“严禁烟火”标识；

（5）使用场所的换气或局部排气装置是否运转正常。

6.油品类

（1）如果油品洒落在地上，是否立即擦掉；

（2）周围是否有烟火；

（3）是否在周围进行带火作业。

5S能使班组成员养成认真对待工作的习惯，不断增强自我管理的意识，最终形成工作现场人人有素养、人际关系融洽和谐的管理氛围。

在整理、整顿上，我们一定要破除“食之无味，弃之可惜”的思想观念，与生产无关的物品一定要坚决整理。在清扫、清洁上，我们一定要“不以善小而不为，勿以恶小而为之”，认真完成和执行清扫清洁作业。在认真推行整理、整顿、清扫、清洁、素养之后，我们就能逐渐地发现存在的安全隐患；通过不断改善，我们就能够避免意外事故的发生。5S与安全是密不可分的，只有做好了5S，安全才有保障！

推行GEMBA管理

GEMBA是“现场”的意思，这里的现场并不能狭隘地理解为生产现场，这里的现场不仅是指所有生产活动的场所，也包含所有生产信息的来源地。日本企业尤为重视GEMBA，并从中总结出了非常核心的思想“三现主义”，即现场、现物、现实。“三现主义”是指，当发生问题的时候，相关人员要亲临现场，亲眼确认现物，认真探究、了解现实，并据此提出和落实符合实际的解决办法和措施。

班组长如果能在实际的工作场所中进行观察，寻找问题，将潜在的问题暴露，然后解决问题，这样便能够杜绝问题的发生。GEMBA在实际运用中，可同时为安全、效率、减少浪费等做出极大的贡献。因为在创造价值的场所，我们的流程、人员、信息、材料、设备等必要的物品无时无刻不在进行着运作。为了避免纸上谈兵，我们一定要到现场去，深入到基层，才能够全面地观察，了解到整个现场的运作情况，才能找到根本问题并解决。

一、GEMBA流程

如果企业已有GEMBA活动，班组长应申请加入；如果还没有，那么班组长应定期进行GEMBA活动，同时叫上一两位员工代表以及主管甚至经理，并将此活动固定下来。在实际开展GEMBA活动时，可以参照以下流程：

（1）根据企业规模，确定合适的GEMBA路线；

（2）穿戴好劳保用品；

（3）准备GEMBA专用记录表及照相机；

（4）开始寻找问题；

（5）对于发现的问题不要指责或批评，而要看到现场存在的问题和改进机会，进行记录和拍照；

（6）对发现的问题采取暂行处理措施，现场解决，但不急于进行深入讨论；

（7）GEMBA结束后24小时内，进行必要的后续会议，将记录者记录的问题进行“5W分析”，集合大家意见，找出问题真正的原因并解决；

（8）制定改善措施和落实责任人，并在下一次GEMBA的时候到现场检查，确认问题完成改善后，关闭该问题；

（9）对于重复发生的问题或影响较大的问题，责成相关人员进行专项原因分析，并制定纠正措施，以消除隐患根源。

二、GEMBA检查表

GEMBA活动所要求的检查项，一般包括的内容有：

（1）工作场所整洁；材料按规定堆放；照明适当；通道畅通；路面状况良好。

（2）噪声状况正常；环境无异味；危害警告标签清晰；公共设施管道标签清晰；电源的插头、插座、接线良好。

（3）需要时应有临时用电许可证；需要时应有高空作业许可证；员工没有违反安全操作规程的行为；员工没有不安全的操作行为。

（4）设备的防护装置良好；危害警告标签和护栏良好；特种设备具备有效的许可使用证明；特种作业人员有操作证；各类设备定期保养；厂区内机动车辆行驶速度正常；叉车运行前进行安全检查；梯

子使用前进行安全检查；设备维修时执行必要的挂牌上锁。

（5）产线设备全部运行正常，无异常的响动；无漏水、漏气等情况发生；生产所需的原材料无异常浪费；员工操作完全按照标准SOP（Standard Operating Procedure，即标准作业程序，指将某一事件的标准操作步骤和要求以统一的格式描述出来，用于指导和规范日常的工作）进行作业。

（6）MSDS（化学品安全技术说明书）在现场张贴并传达；化学品储存在化学品柜内；化学品柜内的标签整洁情况良好；化学品柜周围的消防设施齐全且随时可用；化学品容器及其标签、防泄漏容器良好；防泄漏器材良好；洗眼器（当发生有毒有害物质喷溅到工作人员身体、脸、眼或发生火灾引起工作人员衣物着火时，采用的一种迅速将危害降到最低的有效的安全防护用品）处于可用状态；通风排气装置正常工作；通风排气装置良好。

（7）有害和无害废物分开收集；有害废物于暂存区分类存放；记录齐全，有害废物暂存区整洁；无泄漏，有害废物处理良好。

（8）佩戴必需的防护用品；正确佩戴防护用品；防护用品存放良好；防护用品有效期管理良好。

（9）消防安全：非吸烟区没有人吸烟；消防设施标识良好；应急门、安全出口、应急灯、应急标志良好；消防栓、灭火器处于可用状态；动火应有动火许可证；消防控制室值班情况和设施运行情况良好。

在进行GEMBA活动时，可以参考一家世界500强企业的GEMBA检查表（见表2-1）进行填写和追踪（为方便阅读，已调整为纵向）。

表2-1 某世界500强企业的GEMBA检查表

序号	1	2	3	4
日期	2019/1/24	2019/1/24	2019/1/24	2019/1/24
检查人				
问题描述				
图片				
类别				
优先级	H	M	L	M
工序/地点				
责任人				
采取措施				
完成日期	2019/1/25	2019/2/2	2019/2/10	2019/1/22
状态	Completed	Ongoing	Open	Overdue

注：Completed，已完成；Ongoing，正在进行；Open，未开始；Overdue，延期。

实际上，GEMBA也可以随时随地进行。以下是一个让人印象深刻的、通过GEMBA来解决问题的案例。

案例

一家公司的一台设备突然出现了故障，停止了运转，于是员工对其进行了报修。维修工程师到达现场后，发现是一个电气元件坏了，该元器件很老旧，且费用较高。维修工程师没有现成的备件进行更换，决定将该设备停机，等待采购。该元器件需要从海外采购，采购周期很长。在计划停机后的第二天，该设备的状况传到了某一位很有工作经验的经理耳中，于是他决定亲自到现场去查看。当他到达现场充分了解情况后，立马判断可以用现有的一个型号稍有差别的新器件进行暂时替换，并在替换完成后，设备运作了起来。这一举动直接为公司节省了十几万元，并保证按时完成订单。

以上故事虽然与安全无关，但是我们可以看到，如果我们的班组长或班组成员能够做到经常在现场进行检查，就可以更加准确地了解现场存在的问题和隐患，这样我们在处理问题时会更加有针对性。如果安全问题处理不彻底，将为生产带来极大的安全隐患。

GEMBA既可以是形式化的，组织一些人员进行定期的活动，也可以是非形式化的，自主地进行一些GEMBA。总之，它的目的就是要让我们着眼于价值发生的实际场所，发现并解决最根本的问题。

推行目视化管理

目视化管理就是能够使现场所发生的问题一目了然，并能够尽早采取相应对策的管理机制和方法。其直接目的是使生产效率最大化，降低成本，简化管理者、监督者的管理业务，并提高他们的效率，提高现场管理者、监督者的能力。最终目的是提高企业管理水平，优化组织结构，提高生产效率，形成明快顺畅、具有活力的企业特色。

目视化管理也叫可视化管理、目视化经营，其基本定义为：一眼即知的管理。它利用形象直观、色彩适宜的各种视觉感知信息来组织现场生产活动，达到提高劳动生产率的目的。它是以视觉信号为基本手段，以公开化为基本原则，尽可能地将管理者的要求和意图让大家都看得见，借以推动自主管理、自我控制。

目视化管理的任务是对SQDCME（安全、质量、交期、成本、士气、环境）进行改善。其中，S是指Safety（安全）；Q是指Quality（质量）；D是指Delivery（交付）；C是指Cost（成本）；M是指Morale（士气）；E是指Environment（环境）。

目视化管理就是要将企业文化、生产管理、质量管理、物料管理、人员管理、安全管理、工艺改善、生产技改、提案改善、激励制度等，以看板方式张贴在企业内，把生产的每个环节紧密地相连，提升管理效率，实行数据统计分析、品质监控、准时生产等综合目视化管理，保证生产全过程顺畅及高效率。

一、目视化管理应用场景

在生产现场安全管理中，班组长可将目视管理应用于以下方面：

（1）规章制度与工作标准的公开化。

为了实现安全生产和文明生产，凡是与现场操作人员密切相关的规定制度、标准等，都需要公布于众。与操作人员有关的要求，应分别展示在岗位上，如岗位安全要求、员工职责、操作流程图、工艺规程等，并要始终保持完整、正确、有效。

（2）SQDCME任务与完成情况的图表化。

凡是需要大家共同完成的任务都应公布于众，实际完成情况也要按期发布，使大家了解SQDCME中各项计划指标的发展趋势，并以图表形式显示。

（3）与定制管理相结合，规范摆放各类物品，消除安全隐患。

为了避免物品混放和误放，不同的物品摆放区域都要有明确的标志线或标志色。目视化管理要与定制化管理有机结合，采用视觉符号，按定置管理的要求，规范摆放各类物品。如图2-1所示，我们可以用不同的颜色将叉车通道与非叉车通道加以区分，避免员工误入叉车通道而造成安全事故。

图2-1 叉车通道与非叉车通道的区分

（4）与设备管理相结合，避免误操作，降低事故发生率。

设备安全是现场本质安全的重要方面，设备的危险部位可用图片等视觉形式进行展示，引起操作人员的重视。设备的使用方法，例如灭火器的使用，如图2-2所示，用图片等视觉形式进行展示，使操作人员能尽快掌握操作要领，规范操作；用不同的颜色代表各类管道、阀门中的不同介质，并且用箭头清晰地标出介质的流向和阀门的开关方法及要求，避免误操作。

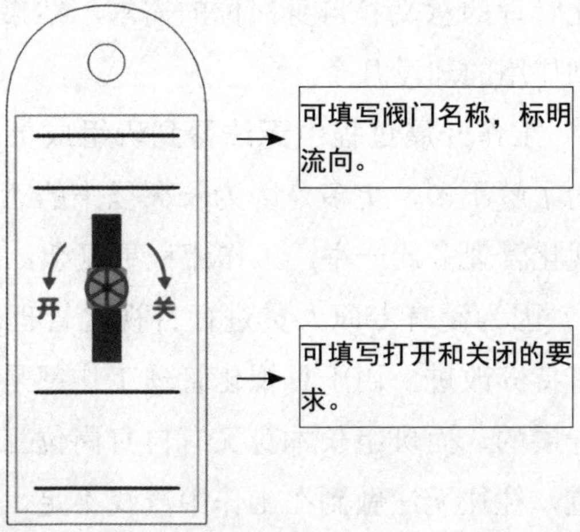

图2-2 灭火器的使用方法

（5）与安全管理相结合，安全隐患公布于众，警示和提醒员工防范安全事故的发生。

很多人由于没有重视细节，没有采取预防措施，出现险情后没有采取正确的应对措施，从而导致安全事故，酿成大祸。在安全检查中发现事故隐患，就地解决隐患还不够，为了不犯重复性的错误，我们可以充分发挥目视化管理的长处，将事故隐患现场、被事故毁坏的现场及事故造成的损失等，用图片等视觉化形式将其公布于众，以此对员工进行安全教育和安全警示，进一步提高员工的安全意识。

二、目视化管理困境

现场安全目视化管理的重要性不可否认，推行现场安全目视化管理标准已成为现代企业安全管理和科学发展的重要措施。实施好安全目视化管理能够有效地提高安全工作效果，有效避免安全事故发生。但是，开展目视化管理工作前期可能会存在以下困难，需要班组长注意。

（1）活动开展初期，班组成员对于安全目视化管理理念了解不够，单纯地认为目视化就是将各种标签贴满生产现场，不能够深入理解目视化管理的意义和自身岗位的需求，结果标签做了一大推，能够真正起到作用的却没几个。

（2）工作开展过程中无法得到班组成员的支持。因为对于目视化管理的了解不多，更多是因为长久以来的工作习惯，有些班组成员认为目视化管理多此一举，工作流程更复杂，导致实施中无人响应。

（3）因为没有专职人员进行目视化管理工作，因此目视化管理工作没有持续改进。由于目视化管理工作都是由班组长负责在基层岗位全面开展的，而班组长本身又有自身岗位工作需要完成，且生产工作任务重，往往无法做到在工作中查找不足，无法及时进行目视化管理改进。

三、目视化管理应对策略

目视化管理在推广初期，遇到这样那样的困难是在所难免的。那么，在进行班组目视化管理工作中，班组长应该如何克服困难，保证目视化管理工作顺利进行呢？

首先，要对安全目视化管理有深入的了解。目视化管理的学习可以采用多种多样的形式，可以到目视化管理相对比较成熟的企业、班组进行现场参观、了解，立体理解目视化管理；充分利用网络查看关于目视化管理方面的资料，学习目视化管理理念，结合自身工作特点，建立适合本企业的目视化管理模式。

其次，做好目视化管理的动员工作，让每一个成员都了解目视化管理的意义，努力做到全员支持、全员参与。那么，如何做好目视化管理的动员工作，让全员都参与进来呢？第一，将目视化管理的内容、目视化管理在先进企业所产生的效果和效益告知班组成员。要拿数据说话，讲述真实案例，让班组成员都认识到目视化管理的意义。第二，在实施目视化管理的过程中，不能够独断专行，各项计划的实施必须通过班组成员的全体讨论，投票通过后方可执行，要避免实施不科学、不合理。

再次，目视化管理要循序渐进，不能急于求成。想要把目视化管理工作做好，做出成效，不是一个简单的事情，也不是一下子就能够完成的。想要做好目视化管理，就要首先做好定制管理，在定制管理的基础上逐步进行看板管理、颜色管理以及识别管理，把每项工作都做到实处。

最后，目视化管理一定要长期坚持。

现场安全目视化管理能够有效地满足安全管理的需求，让现场人员对各种安全视觉显示信号一目了然，提高安全意识，杜绝安全隐患，达到预防事故的目的。同时，现场安全目视化管理还能够提高安全生产效率，充分推动安全规范标准化，提升安全基础管理水平。

要想成为先进的生产企业，推广目视化管理势在必行。在班组长的带动下，认真开展、实施目视化管理活动，有利于提高班组以及公司的整体管理水平，完成企业的各项指标。

现场设备安全管理

班组长加强生产现场设备的安全管理，对确保设备的安全运行和班组成员的人身安全非常重要。施工生产单位必须健全设备的安全管理体制，完善设备的安全责任制，设备部门应负责设备的监督检查，必须保证必要的设备维修保养时间，严禁盲目追求作业进度而滥用设备的现象。

案例

2011年7月19日，四川广元某木工厂李某用平板刨床加工木板，木板尺寸为300毫米×25毫米×3800毫米。李某进行推送，另有一人接拉木板。当快要刨到木板端头时，遇到节疤，造成木板突然抖动。又因这台刨床的刨刀没有安全防护装置，导致李某右手脱离木板，并直接按到了刨刀上，瞬间，李某的四个手指被刨掉。

2017年10月13日，某纺织厂职工朱某与同事一起操作滚筒烘干机进行烘干作业。5时40分，朱某在向烘干机放料时，被旋转的联轴节挂住裤脚口，朱某摔倒在地。旁边的同事听到呼救声后，马上关电源，使设备停转，才使朱某脱险，但朱某腿部已严重擦伤。后经调查，造成该事故的主要原因是烘干机马达和传动装置的防护装置在上一个班检修作业后没有及时复原。

以上两次事故的发生都是由于设备处于不安全状态，失去了应有的安全防护装置和安全管理不到位等原因造成的。当然，设备的不安全状态的根源也在于员工的安全意识低。一定要记住，所有的安全装置都是为了保护操作者的生命安全而设置的。设备的危险区就像一只吃人的“老虎”，安全装置就是关老虎的铁笼。当你拆除了安全装置后，这只“老虎”就随时可能跳出来伤人。

那么，班组长如何做好现场设备的安全管理呢？

一、设备的验收制度

（1）现场大型机械的装拆人员必须持有行业有效许可证，严禁无证上岗。设备安装完毕后，须经相关部门检测合格，符合企业安全规定后，方能使用。

（2）钢管脚手架搭设前，作业员必须制订设计方案，并进行安全技术交底，接受人交底签字后，方可搭设。每搭设三步架子，须做一次书面验收，符合要求后，挂上验收合格牌，脚手架方可使用。

（3）施工现场的漏电开关必须由专业电工进行定期检测验收，并做好书面记录。

（4）中小型设备在生产现场使用前，由机管员、安全员、作业员负责检查，填写书面验收合格单，挂牌后方可使用。

（5）凡特殊工种人员，必须经有关部门培训考核合格后，方可持证上岗。

二、设备的安全使用和管理

（1）作业现场应建立健全设备安全技术档案。每台设备的例行保养、定期保养、安全运行和检测记录，必须准确、及时、齐全。两班制以上作业的设备，均应实行交接班制度，认真填写交接班记录，并归入技术档案。

（2）作业现场设备的安装，应严格执行相关的安全制度。

（3）技术性能复杂的设备，需要编制拆装方案，经企业总工程师审批后，方可进行安装作业。各类施工机械的安全防护装置和安全措施，必须严格按有关的安全技术规程配置，并保持齐全有效。严禁拆除机械设备上的各种安全防护及监测、指示、仪表等装置。机械设备必须严格执行定机、定人、定岗位的制度，建立机长负责的专业机组。

（4）起重设备必须严格执行“十不吊”的规定，遇六级及以上大风或大雨、大雪、大雾等恶劣天气，应停止起重机、桩机的露天作业。吊具和索具应符合相应的国家标准，并应严格按有关规定使用。起重机应设专职指挥工，采用国家标准信号进行指挥。高层建筑施工电梯等垂直运输机械应设置有效的通信联络信号。施工设备易发生故障、危险性较大的地方，应配置报警装置。

（5）所有作业现场的机管、机修和操作人员必须严格执行机械设备的保养规程和安全操作规程。机械设备应按原机技术性能的规定正确使用，必须严格执行条例制度和定期保养制度，做好操作前、操作中和操作后设备的清洁、润滑、紧固、调整和防腐工作；当设备运转到保养周期定额工时时，必须按规定进行保养。严禁设备超负荷使用、带“病”运转和在作业运转中进行维修。必须按有关安全技术标准，制定各类设备的安全检查表，定期进行检查评定；检查出的问题要纳入安全技术措施计划，并立即停止设备的使用，限期整改。

（6）作业现场应具备机械设备的安全运行所需的道路、场地、机棚以及供水、供电、排水等条件，夜间作业必须有充足的照明。做好冬季和台汛期间设备的安全管理，汛期前，应对设备进行一次全面检修保养。

三、设备的安装与拆卸

（1）从事特种设备安装的作业人员及管理人员，应当取得相应的证书。

（2）设备安装应当依照设备安全技术规范的要求，进行设备的安装、移位、顶升、附着、拆卸等活动，并对安装质量及其作业过程的安全负责。

（3）设备安装和拆卸前，应当根据产品说明书、作业现场环境和有关标准安排专业技术人员编制安装或拆卸作业方案和作业安全事故应急救援预案。企业技术人员和作业负责人应当向全体作业人员进行安全技术交底。

（4）设备安装或拆卸作业前，作业人员应当对拟安装或拆卸设备的完好性进行检查。作业时，应当设置警戒区，禁止无关人员进入作业现场。作业现场应当设置负责统一指挥的人员和专职监护的人员。各工序应当定岗、定人、定责。作业人员应当严格执行施工方案和拆装工艺。

（5）检测、验收、使用。设备每次安装完毕后，安装人员应对设备进行调试和试运转。在向使用单位进行设备移交前，应当由相关部门验收，合格后方可投入使用。

四、设备的维修保养

（1）使用设备做好定机、定人，其他人员不得擅自使用。对非操作人员使用设备进行处罚，出现事故，后果自负。

（2）操作人员要做好“日常维修保养记录”，反映“调整、润滑、坚固、清洁、防腐”作业状况。

（3）任何设备不准超负荷作业，操作人员不准擅自离开岗位。

（4）设备部门负责每月检查不少于一次，并做好检查记录，反映安全操作和保养规程的执行情况，对保养有一定成绩的员工进行一定的表扬奖励。

（5）设备出现故障，应立即由机修人员进行检修，机修人员要及时对出现故障的设备进行修理，绝对不允许设备带“病”作业。

（6）严格按机械操作规程作业，不得违章操作。

五、设备的报废管理

（1）报废原因。

事故报废，即设备由重大事故或自然灾害等原因损坏至无法修复或无修复价值的程度。

损蚀性报废，即设备由于长期使用，受自然力的作用，其主体部位遭受磨损、腐蚀、变形、劣化到不能保证安全生产或基本丧失使用价值而导致的报废。

技术性报废，即设备由于技术寿命终了而形成的报废。

经济性报废，即由于设备经济寿命终了而退役。

（2）报废原则。

设备的技术性能落后、耗能高、污染环境，已无改造余地，即使进行大修，其性能、精度已不能满足要求。

设备磨损严重，基础件已损坏，再进行大修已不能达到正常使用和安全要求，修理费用高。

属于淘汰机型，无配件供应来源。

（3）报废审批。

需报废的设备，必须由设备管理部对报废设备做出详细、正确鉴定，确认符合报废条件后，填写“设备报废申请表”，经负责人签字后，通过正常的企业报废流程进行处理。

财务部对报废的机械设备的净值应一次提足后纳入折旧基金，报废的设备从固定资产账上销账。

已报废的设备销账后由设备部统一处理，处理费用上缴企业财务部。

对已报废的设备做出清晰的标识，不得重新用于作业和生产。

六、操作人员的管理

（1）设备操作人员身体健康，没有妨碍从事本作业的疾病和缺陷，受过专门训练，熟悉机械性能，经考核合格，取得安全操作证后，方可上岗操作。

（2）特种作业人员必须按国家的要求培训和考核，取得相应的“特种作业人员安全操作证”后，方可上岗操作。

（3）实习人员必须持有实习证，在师傅现场指导下才能操作设备。若有违章操作，不管是否造成后果，均应严肃追究相关人员的责任。

七、设备故障事故的应急救援管理

（1）班组长应充分了解设备故障事故的应急救援管理，为有效防止突发性设备故障事故的发生，最大限度地减少事故伤害。

（2）加强对设备安全工作的学习，经常组织操作人员学习操作规程，提高安全生产意识，排查设备故障，发现问题，及时纠正，消除隐患。

（3）设备操作人员必须持有有关部门颁发的操作证，并熟悉设备的构造、原理、性能及安全技术要求，严禁操作人员违规操作、机械设备带“病”作业。

（4）应急救援措施。班组长应熟悉应急救援措施，例如作业人员发现有漏电触电现象时，班组成员应及时向班组长或设施部报告，采取有效的抢救措施。若操作人员已经触电，应尽快使触电者脱离电源，实施抢救。

（5）应急程序。班组长及班组成员应悉知本企业的应急程序。一般企业对事故初期的应急程序报告时间和内容都有要求，例如：当发生事故后，当事人应立即报告班组长或相关现场负责人，事故报告时间不得超过事故发生后1小时。报告内容为事故发生的时间、地点、单位、事故的简要情况、伤亡人数、初步估计的直接经济损失和已采取的应急措施等。同时，迅速联系119、120处理事故现场。

班组长协助企业相关负责人立即启动应急救援预案，成立现场救援组，实施现场救援工作。必须严格保护事故现场，并采取必要措施抢救人员和财产，防止事故扩大和损失加重，确因抢险需要移动现场物件时，必须做出标志、拍照、详细记录和绘制现场图，并妥善保存现场主要痕迹、物证等。

建立现场安全快速反馈机制

安全事故的发生往往在须臾之间，很多时候我们还来不及做出反应，事故就已发生。因此，我们不仅要严格按照5S管理、GEMBA管理、目视化管理和现场设备的安全管理要求执行，还需要建立现场安全快速反馈机制，这样才能够保证我们的现场安全形成一个闭环，保证现场安全规范的落实和实施。

现场安全快速反馈机制建立后，就会形成一个无形的束带，来规范和确保现场的安全。它能够让现场的问题暴露出来，让企业不断查漏补缺，反思自己，提高自己。每个企业都应该有这样的平台机制，无论是网上填写还是纸质填写均可，主要目的是能够快速地将现场存在的问题进行提交、反馈，得到上级关注和相应责任人的快速响应，并使问题得以解决。

一线班组长应该充分利用这一机制提升现场安全等级，保证正常生产。

一、建立现场安全快速反馈机制小组

快速反馈机制领导小组应该由安全经理、各部门经理、班组长以及班组成员组成，如图2-3所示。

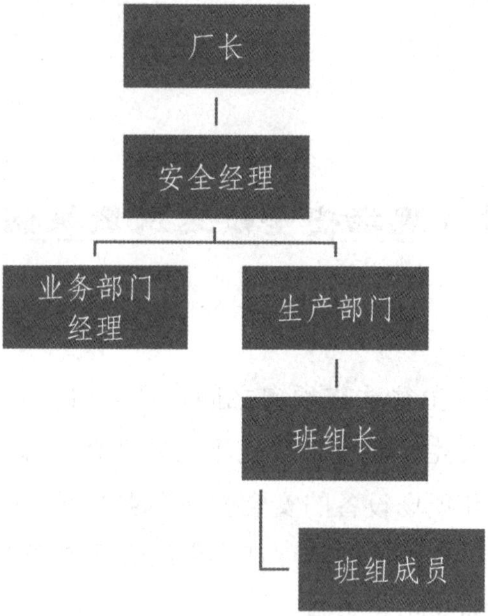

图2-3 现场安全快速反馈机制小组成员

其中各层级对应的工作是：

（1）厂长：定期与安全经理、各部门经理及班组长一起回顾周期内现场安全反馈，带领分析现场反馈回来的各种安全问题和隐患，落实责任人和整改期限。

（2）安全经理：汇总周期内员工反馈的现场安全问题，用合理的数学统计方法分析最值得关注的反馈问题，并与各部门经理和班组长用柏拉图、头脑风暴、鱼骨图、5W等分析方法来寻找根本原因，并制订出接下来的行动计划，包括优先级、责任人以及完成日期等。

（3）各部门经理：负责汇总部门的现场安全反馈，并监督配合完成部门内的安全改善任务。有的部门不会直接接触到生产现场，例如财务部、人力资源部等，所以，对这些部门来说，办公所在地就是他们的“生产现场”，他们也需要提出并配合消除自己办公所在地存在的安全隐患。

（4）班组长：督促班组成员在发现安全隐患时，必须在快速反馈机制中进行反馈和记录。班组成员有可能因忙于日常工作，对某些安全隐患司空见惯而忽略身边的安全隐患。所以班组长需要随时督促和提醒，避免反馈机制流于形式，未能将生产作业现场的安全隐患暴露出来。同时，班组长对生产线了解得更加全面，能够站在更高的角度去看待生产现场，因此班组长也必须完成自己的反馈。

（5）班组成员：在忙于日常工作的同时，需要关注自己身边的安全隐患，及时通过反馈机制提交发现的安全问题，同时参与到后续的改善活动中。

二、建立现场安全快速反馈机制系统

为了能够将现场安全快速进行反馈，我们需要建立一个新的流程，以便信息能够及时到达相关层级，问题能够得到及时处理，从而消除现场安全隐患，实现零事故安全生产。

1.纸质反馈机制

班组长将现场安全快速反馈信息表放置在现场，信息表的填写项可参照表2-2。

表2-2 现场安全快速反馈信息表

区域	存在的隐患	隐患类型
		□5S□生产设备□环境 □消防 □用电□其他
提交者	建议的紧急措施	审核人

为了使安全隐患反馈更加及时，填写的内容不必过多，只需要将

隐患事实进行陈述即可。

班组成员填写反馈表后，应立刻将该表递交至班组长处，班组长根据员工填写内容进行判断，完成审核人的签名后保存信息表，同时立即结合员工的建议措施，找到相关责任人进行整改。

现场安全应包含供应商的安全管理。员工如果发现到企业供应商或外部施工人员有不安全的行为，也应当立即制止，并通过反馈信息表进行记录并提交，以便完善对供应商和外部施工人员的安全管理。

2.网页反馈机制

网页反馈机制和纸质反馈机制的目的是一样的，只是反馈形式不同。在网页上设置固定填写格式的现场安全信息反馈表，能够让员工在发现安全隐患时，能够打开电脑网页进行反馈。

网页现场安全快速反馈系统可参照图2-4所示的模板进行设计。

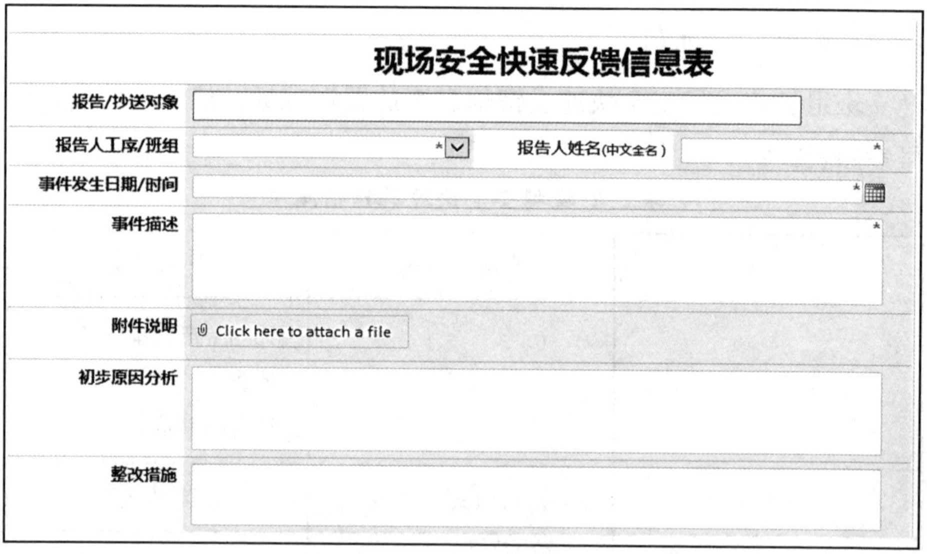

图2-4 现场安全快速反馈系统的设计模板

该反馈系统的信息应随着员工提交的信息而更新，通过网页填写提交后，这一信息能够第一时间在网页进行展示。同时，该反馈系统能够将反馈信息以邮件或其他形式第一时间发送至相关班组长、经理以及责任人，保证反馈的及时性。在紧急措施或改善完成后，我们可将这一反馈关闭，同时告知提交人。

以上两种反馈方式各有优劣。纸质版反馈机制能够使信息以最快的速度传递至班组长或某一个经理，点对点的信息传递会保证传递效率和做事效率，但是不利于最后统计汇总。

网页版反馈机制能够在短时间内将信息传递给更多人，让更多的人知晓存在的安全隐患，并且能够汇总出报表，进行数据的统计分析，找到最容易出现安全问题的地方，进行彻底整改。但是，这一方法的缺点是，现场需要有足够数量的电脑，以方便班组成员填写；同时，这种形式需要接收者主动打开网页或邮件才能查看。

不过，这两种反馈机制的目的都是在第一时间发现现场的安全隐患，通过及时的反馈，消除安全隐患，保证安全生产活动。各位班组长可以直接使用上述反馈机制模板，也可以根据实际情况设计最适合自己的快速反馈机制，抑或在这两种方法的基础上进行优化，例如添加第一责任人的选项给提交者选择，指明负责人进行紧急处理，还可以将网页形式改为更易查看的手机短信形式，等等。

至此，现场安全规范方法便形成了一个较为成熟的闭环：首先通过现场5S管理、可视化管理以及设备安全的基础管理活动建立规范；然后再定期进行全员参与的GEMBA安全检查活动，审核执行情况；最后通过建立现场安全快速反馈机制，实现规范的完善，进一步发现和消灭生产现场存在的安全隐患，集全员力量，让隐患没有藏身之处。它们之间的关系可以用图2-5表示。

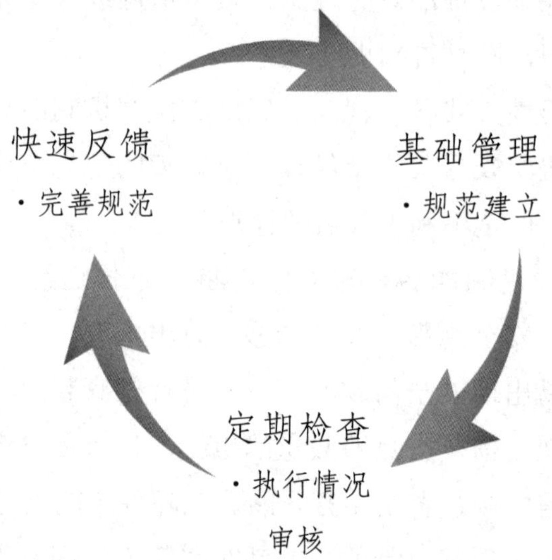

图2-5 现场安全规范方法的闭环

班组长需要参与到每一项活动中：在基础规范的建立时提出最适合企业现状的规范，在定期的安全检查活动中起到带头作用，并主动发现问题，在日常工作中保证快速反馈机制的良好运行。

班组长在整个闭环管理中起到了非常重要的作用。作为连接基层员工和管理层的枢纽，班组长在任何一个环节都必须认真参与，还要有自己的想法，提出自己的建议，并展示出自己的执行力，保证整个体系正常运转，避免流于形式。

推行现场安全闭环管理的目的在于，提高企业安全能力，通过管理的不断完善，杜绝安全事故的发生。该闭环管理在循环中可以给现场安全规范带来质的飞跃，每循环一次，安全水平就会上一个台阶，在不断消除安全隐患后，实现班组安全生产，实现企业长效持久运转。

03 第三章

严格执行班组安全检查制度流程

只有严格执行班组的各项安全检查制度流程，增强作业人员的安全意识，我们才能彻底消灭事故隐患，保障作业人员的安全，为安全生产夯实基础。

落实“一班三检”制

案例

2017年8月23日上午9时，某单位工作人员正在石化厂的气体分馏车间准备回装三层平台的*DN*1000换热器芯子。员工指挥现场施工人员用钢丝绳和链条均匀地把换热器芯子挂在吊车吊钩上。一切准备就绪，待人员撤离现场，员工示意吊车起吊。当换热器芯子缓缓离开地面约三四十厘米时，突然传来一阵噼里啪啦的声音。坏了！钢丝绳断裂了。还没等员工给吊车司机发出紧急信号，就听到了换热器芯子掉落的响声和吊车臂哐当哐当的摇摆声，掉落的换热器芯子把水泥地面砸裂开了。现场人员惊得立在原地，半天没缓过神来。

回想起事件的整个过程，员工们全都感到后怕。因为在三层平台换热器的轴位置下的二层平台往外延伸有正在输送介质的工艺管线，如果起吊到三层平台换热器轴时钢丝绳断裂，芯子坠地报废不说，必然要砸坏工艺管线，造成设备损坏、管线起火等严重事故。

该单位总结发现造成这次事故的原因有：钢丝绳没做定期检验，没有使用记录，违规超负荷使用，明知已达到报废标准仍继续使用。钢丝绳的损坏往往是由各个因素综合积累造成的，使用单位应有专人负责钢丝绳的管理，并按照GBT5972《起重机械用钢丝绳检验和报废实用规范》中的要求对钢丝绳进行定期检验，严格执行报废标准。

由此可见，未能严格执行班组日常工作的安全检查，会对企业员工的人身安全和财产安全带来威胁。因此，在日常的班组工作中，班组长应当带头执行“一班三检制”，即对“班前、班中、班后”进行安全检查。这一制度是按安全检查的有关规定，需要每天都进行的、贯穿于生产过程中的安全检查，其主要是通过班组长、班组安全员及操作者的现场检查，发现生产过程中一切物的不安全状态和人的不安全行为。“班前查安全，思想添根弦；班中查安全，操作保平安；班后查安全，警钟鸣不断”，这句话充分说明了“一班三检制”的意义和重要性。因此，即使面临的生产任务再重、时间再紧，我们也必须把“一班三检制”坚持好。

“一班三检制”的制定和执行能够有效地防止生产安全事故的发生，消除事故隐患，充分调动班组长和各岗位员工的积极性，同时加强作业场所和设备的管理，保障作业人员安全，增强作业人员的安全意识，杜绝“三违现象”（违章指挥、违章作业、违反劳动纪律），做到“四不伤害”（不伤害他人、不伤害自己、不被别人伤害、保护他人不受伤害），为安全生产夯实基础。

“一班三检制”的主要检查内容包括以下方面：

一、班前检查

检查操作人员是否正确穿戴防护用品；

检查设备及反应系统是否处于正常状态；

检查消防器材、洗眼器等安全设施是否处于正常状态；

检查消防通道是否畅通；

检查操作人员是否持证上岗。

二、班中检查

检查各类设备运转是否正常；

检查压力表、安全阀、温度仪等安全附件是否完好；

检查班中有无“三违”现象；

检查班中人员是否做到“四不伤害”；

检查操作人员的操作记录是否完整、真实。

三、班后检查

检查生产结束后，现场是否存在安全隐患；

检查生产设备等工具是否完好地交接；

检查现场存放的原、辅料有无标志；

检查操作人员是否做好交班手续；

检查操作场所是否清洁卫生。

班组长对班中检查需要更加关注，因为上班至下班这段时间较长，班组成员实际作业行为频繁，机械设备都处于运行状态，不可避免地会遇到许多新情况、新问题，因此班中的安全检查是一个重点。班组长要做“有心人”，经常督促和检查。班组成员要随时注意自己作业岗位的安全状况，遇到重大事故隐患，应停止作业，并及时上报。在隐患消除、确保安全的情况下，才能重新作业。

安全检查中要把检查督促与安全教育结合起来。一些班组成员对规章制度抱着消极应付的态度，比如班组长在作业前督促班组成员戴上安全帽，有的员工却认为“戴这玩意儿没什么用”，在实际作业中把安全帽扔到一边。因此，班组长必须把抓制度与抓教育有机地结合起来，只有班组成员的防护意识提高了，才能主动地进行检查，自觉地遵守规章制度。

坚持“一班三检制”，必须使实劲，有韧劲。部分班组成员认为天天检查也没查出漏洞和隐患，于是就开始偷懒，隔三岔五才去检查一下，因而使“一班三检制”没有真正落到实处。在上级强调或出了事故时，便抓得紧一些，时间一久又松懈下来，使制度形同虚设，这种态度和做法是十分有害的。我们应当认识到，以前没有检查出漏洞和隐患，不等于以后不出漏洞与隐患。坚持“一班三检制”正是预防事故发生的有效措施。

建立交接班制度

交接班是两个运行班组间的正常衔接，是上一个班全面详尽地向下一个班交代与传达生产状况的重要环节，是保证班组生产秩序和安全的一项重要制度。交接班交接的不仅仅是人员，更是责任。因此，建立交接班的制度和责任感，对于班组的安全运行极为重要。

建立交接班制度有利于加强现场管理，确保人员安全，保证产品质量，保障设备完好，维持正常的日常生产活动。

表3-1是一家公司的交接班记录表。

表3-1 交接班记录表

生产设备故障及异常状况：			
生产计划执行情况：			
安全问题及异常记录：			
交班特殊情况说明：			
质量问题导致返工记录：			
返工产品编号	型号	返工原因	返完确认签字

返工产品编号	型号	返工原因	返完确认签字
5S交接班检查是否符合要求：			
日期：	班次：	白/夜：	当班班长：
交班班长签字：		接班班长签字：	
说明： 1.当班发生安全事故或者不安全行为，应及时报告主管，并在异常栏做详细描述说明。 2.生产计划执行情况：如正常按照计划生产则写正常，如有跳单等异常状况则应说明原因。 3.安全问题及异常记录：如未出现任何质量故障则写正常，如出现质量故障则说明质量故障现象。 4.交班特殊情况说明：如有上层领导及工艺工程师下发的特殊通知或指令，应在此栏加以说明。 5.5S交接班检查是否符合要求：此栏由接班班长确认，如接班检查没有问题则在此处打钩，如有不符合则接班班长应要求交班班长进行处理。 6.接班班长与交班班长交接清楚后，双方签字确认。			

每个公司交接班的制度或许不一样，但目的一定是相同的，都是为了保证企业稳定运行。交接班有时可能只有短短几分钟时间，但这几分钟时间的工作却非常重要。如果没有做好交接工作，例如交接时没有交接明白，或是忘掉重要的事情，就极有可能埋下事故的隐患，导致重大的安全事故发生。

交接过程需要交接的信息一般有生产情况、安全情况、设备运转情况、工艺指标、异常现象及处理结果、存在问题、处理建议、生产的原始记录、生产计划以及一些个别事项。

案例

1912年4月14日晚，当时号称“永不沉没”的“泰坦尼克号”轮船误撞冰山，酿成了航海史上的最大悲剧。据事后调查，发生这场海难的一个重要原因是，一名工作人员在奉命调离“泰坦尼克号”时，匆忙中带走了瞭望台上装双筒望远镜抽屉的钥匙。调查报告认为，因没有及时交接装双筒望远镜抽屉的钥匙，夜间航行中，值班船员只能靠肉眼观测海面，无法及时发现和躲避冰山，最终导致了悲剧发生。“泰坦尼克号”的沉没，从某种意义上说，是交接班工作失职造成的。

交接工作作为两个班组衔接的重要环节，直接关系到后续接班组的工作质量，甚至影响到下一班组能不能安全运行，万万不可以有半点马虎。

案例

几年前，陕西某儿童医院也发生了因交接班失职造成的医疗事故。因家中急用，一名护士在值夜班的时候，用输液盐水瓶灌了一瓶酒精藏于桌下角落，而下班时她忘记带走这瓶酒精，交接班时也忘掉了这件事情。恰好第二天医院进行大扫除，接班的护士发现桌下有一瓶液体，就顺手放到了桌上，也没有问清楚或是检查一下这瓶里装的到底是什么，更没有给下一班人员说清楚；第三班的护士看到这瓶液体在桌上，就直接将它归放到治疗台上；而第四班的护士就将这瓶酒精拿去给病人输液了，最后导致一个幼小的生命逝去……

我们在交接班时需要有高度的责任心。很多安全隐患都是在交接班时，由于交代不清楚或责任传达不明确而造成的。

交接班时恰巧是生产人员思想不够集中的特殊时间。连续上了几个小时班的员工，在快下班的时候，身体劳累，还有可能惦念着回家后要做的事情，往往比较着急离开。而刚接班上岗的职工，还可能处在家庭生活的情绪当中，走上岗位以后，一时思想还难以集中，也容易在交接班期间疏忽而埋下事故的火种。

所以，作为班组管理人员，我们一定要重视交接班，以避免由于交接班疏忽而导致安全问题。我们要严格规范制度，并起到带头作用，通过定期的安全培训教育，培养员工交接班时的责任感，以此保证交接班的质量，保障班组安全。

一、交接班制度

严格规范的交接班制度是保证班组安全正常运行的基石。为了避免事故的发生，我们需要建立起交接班制度。

交接班制度一般包括以下内容：

（1）交工艺：当班人员应对管理范围内的工艺现状负责，交班时应当保持正确的工艺流程，并向接班的人交代清楚。

（2）交设备：当班人员应对管理范围内的设备现状负责，交班时应当保持良好的设备状态，如若存在设备故障及维修情况，应当向接班人员交代清楚，避免误启动而酿成事故。

（3）交5S：当班人员应做好责任区域内的清洁卫生，保持现场的5S管理，例如工具的完整及归位，如有异常丢失或损毁，应告知接班人员。

（4）交记录：交接班时，设备巡检记录、运行记录、工艺操作记录、维修记录等应真实准确地交接。

（5）交计划：交接班时，应准确告知上个班的生产产量、需要注意的事项、原材料的使用情况以及质量情况。

交接班时发现上述几项有不合格或者缺失情况，接班人有权拒绝接班，并向上级反映。确保接班信息准确无误后，接班人员才能完成接班，进行下一班生产。

案例

煤矿班组交接班制度（范例）

为了确保班组安全生产，保持正常的安全生产秩序，实现正规循环作业，特制定班组现场交接班制度。

一、班组长、特殊工种必须严格执行现场交接班制度，做到“手拉手、口对口、你不来、我不走”。

二、交接班要做到“四交清”：交清工作地点的通风和生产情况有无异常，若有异常如何处理，是否需要进一步处理和采取何种措施；交清工作区域内的有关设备和装置的运行状态，现场材料、工具必须当班清点，不严格执行现场交接班制度，造成材料、工具丢失者，由交班班长负责落实赔偿；交清区域内存在的各种安全隐患、当班处理情况和需要下一班如何继续处理；交清班前组长所安排工作的落实情况、留存的问题和安全注意事项。

三、交接班要规范交接的内容，制定专门的交接单，由交接班班组长验收后填写、双方班组长签字，班组长下班以后交回部门审查。

四、工作现场存在重大隐患或达不到交接班条件的，接班班组长要及时汇报安质队长，上一个班安质队长和班组长要继续处理。处理完毕，经安质队长或班组长验收合格，方可完成交接班。

五、对不执行现场交接班的人员要给予经济处罚，责任情节严重者除经济处罚外，还给予其扣工、停工、免职等处罚。

二、交接班规范

除了在班组建立交接班制度，我们还需要切实履行责任，让交班和接班有着清晰明了的对接，以确保交接班的质量及后续工作的正常进行；必须严格遵守交班时的“十交”与“五不交”、接班时的“五不接”等。只有严格遵守这些规范，才是对班组负责任的表现。

1.交班时的“十交”

交本班生产情况和任务完成情况；

交设备运行和使用情况；

交不安全因素、采取的预防措施和事故处理情况；

交设备润滑三级过滤和工具数量及缺失情况；

交工艺指标执行情况和为下一班所做的准备工作；

交正确完整的原始记录表；

交原材料使用情况和产品质量情况及存在问题；

交上级批示、要求和注意事项；

交存在的跑气、冒水、滴油、漏液的情况；

交岗位设备整洁和区域卫生情况。

2.交班时的“五不交”

生产不正常、事故未处理完不交；

设备或工艺有问题、搞不清楚不交；

岗位卫生未搞好不交；

记录不清、不准、不齐不交；

制定的本班任务未完成不交。

3.接班时的“五不接”

记录不清不接；

设备润滑不好不接；

工具不全不接；

记录不全不接；

卫生不好不接。

要保证交接班的安全，还需要做好交接班时的操作记录和交接班日记，同时还应提高交接班责任感。

1.操作记录

操作记录一般应符合下面几个原则：

要符合班组安全生产和管理实际需求；

要简便易行，便于操作记录和利用；

要适应企业简便工作要求，与各部门所需资料一致；

填写记录做到及时、准确、完整、整洁。

2.交接班日记

班组长或岗位负责人要及时填写交接班日记，其内容包括：接班情况；本班工作详情，其中包括本班人员情况、生产任务完成情况、质量情况、安全情况、工具设备情况等；注意事项、遗留问题及处理意见、上级指示和生产计划。

交接班中出现的异常问题需要及时按照企业已有的异常处理流程进行，交接班的文件存档也需要按照企业的文件管理规定进行存放和管理。

3.交接班责任

要提高大家交接班的责任感，我们需要做到：

（1）不推搪。对工作认真负责，不为自己找借口，交办的任务坚决执行，工作上全力以赴，力求完美无缺，在交接班时力争不出任何差错。

（2）不抱怨。工作中难免受挫折、受折腾、受委屈，但不要怨天尤人，在交接班时，仍然百分之百地认真投入。

（3）不推脱。有的人在工作出现问题时，总想着推卸责任，班组长在交接班的过程中千万不能有这种心理，而要与班组成员一起做好交接班工作，如果出了问题，需要第一时间想办法解决。

（4）不计较。在同一家企业里，大家虽然分工不同，但都是为了同一个目标而努力的。责任心强的人会不计较，尽量配合同事做好交接班工作。

建立交接班制度，提高员工的责任感，能够为上一个班的结束画上圆满的句号，也为当班做好安全生产的准备，并为企业安全生产扎深根基。

检查员工的不安全行为

国家标准《企业职工伤亡事故分类》（GB 6441—1986）中定义的不安全行为是指能造成事故的人为错误。不安全行为反映了事故发生的人的方面的原因。一般来讲，人的不安全行为是指那些曾经引起事故或可能引起事故的人的行为，它们是造成事故的直接原因。

从人的心理状态出发，人的不安全行为分为有意的不安全行为和无意的不安全行为两大类。有意的不安全行为是指有目的、有意图、明知故犯的不安全行为，是故意违章行为，如酒后上岗、酒后驾车等。这些不安全行为尽管表现形式不同，却有个共同的特点，即“冒险”。有些人之所以甘愿冒险，是为了获取利益。由于对危险发生的可能性估计不当，心存侥幸，在避免风险和获得利益之间，他们做出了错误的选择。

无意的不安全行为是指非故意的或无意识的不安全行为。人们一旦认识到了自己的行为是不安全的，就会及时改正。这类错误的表现较多，概括起来大致有以下几个方面：外部信息有误或人没有感知到外部信息的刺激，如没有注意到异常情况的发生；人身的生理机能有缺陷，如听力较差、色盲等；因知识和经验缺乏，而造成判断失误，如从业时间短、处理异常情况不当等；因操作技能欠缺而造成失误，如没有经过专业培训而上岗工作等。这些因素可能单独导致不安全行为，也可能共同作用导致不安全行为的发生。

案例

建筑公司安排王某夜间值班。王某在值班期间，到工地小卖部购买方便面，返回值班室时，为贪图省事方便，选择在非人行通道的高架供水管上行走。供水管直径40厘米，供水管至沟底的高度差为21米。由于天黑，视线不清，供水管又滑，王某不慎从供水管上坠落，摔至沟底。其他人员发现后，急忙将王某送往医院抢救。王某终因伤势严重，抢救无效而死亡。

造成这起事故的直接原因是王某忽视安全，思想麻痹，有通道不走，为了走近道而冒险在供水管道上行走，最终造成伤亡。

如果这时候有安全员巡查，及时制止王某的不安全行为，就可以避免惨剧的发生。所以，经常开展安全检查，杜绝员工的不安全行为，是避开事故的重要一环。

作为生产活动的主体，人在安全管理活动中占据着重要地位。通过对人的不安全行为的研究，找出产生不安全行为的原因，进而采取一系列科学措施和对策，有利于避免事故的发生，也是提高安全管理水平的重要内容之一。将以物为中心的安全管理模式转化为以人为中心的安全管理模式，对我国传统安全管理进行改革和创新，必将对提高安全管理水平产生深远的影响。

无论是有意的不安全行为，还是无意的不安全行为，都可能带来极大的危害。下面是一家企业为了杜绝员工的不安全行为而制定的管控措施，可供大家参考。

不安全行为措施（范例）

为了有效遏制员工不安全行为发生，确保安全生产，本单位特制定如下不安全行为管控措施。

1. 重点人群

（1）新入企员工；

（2）劳务工；

（3）外委专业化服务人员；

（4）单岗作业人员；

（5）作业地点流动性大的员工。

2. 重点时段

（1）中夜班及凌晨作业时段；

（2）交接班时间；

（3）节假日加班及日常延点时间；

（4）突发抢修设备故障时段；

（5）检查人员刚离开时。

3. 重点作业活动

（1）设备检修；

（2）电气焊作业；

（3）岗位工单独巡视设备。

4. 重点行为

（1）个人防护用品佩戴不正确（安全帽、耳塞、防静电服等）；

（2）作业人员未随身携带资格证上岗；

（3）擅自脱岗；

（4）交接班时不履行交接班程序；

（5）无监护人进入设备、设施内部作业；

（6）停电维修时不挂牌上锁；

（7）作业前不进行危险源辨识。

一、预防不安全行为方法与措施

班组长是不安全行为管理的责任主体，要发挥最大潜能为员工创造良好的工作环境，消灭不安全行为发生的诱因和土壤，为员工提供自觉规范作业的条件，才能从根本上杜绝不安全行为的发生。

预防不安全行为，具体方法有：

（1）强化企业、班组现场管理，提高员工自觉遏制不安全行为的积极性。

（2）加强职业培训，提高员工自身安全生产意识和技能。

（3）加强设备管理，提高设备设施的安全可靠性。

（4）改善作业环境，为安全生产提供良好的空间保障。

（5）改进管理方法，全方位遏制员工不安全行为的发生。

（6）正向激励、营造安全氛围。

从以上信息中，我们可以看到不安全行为的重点人群、时间、地点和活动，以及班组长为预防员工出现不安全行为可以采用的方法。

对于出现不安全行为后，班组长可以参考以下不安全行为矫正管理方法：

（1）发现不安全行为后，进行现场纠正，同时根据不安全行为的等级，适时组织不安全行为的矫正培训：对发生重大风险等级不安全行为的员工，由单位安全分管领导亲自进行教育批评和矫正培训，以提升培训教育的效果；对于重复发生不安全行为的员工，进行强制待岗培训。

（2）班组长要定期举行不安全行为的座谈会，及时了解出现不安全行为员工的想法，深入剖析不安全行为发生的根本原因，制定针对性的管控措施。

（3）班组或部门之间互相借鉴不安全行为矫正中好的做法，适当开展矫正不安全行为的活动，例如采用积分制，监督每个员工的表现情况；也可以进行不安全行为的宣传活动，例如通过张贴宣传海报或是举行定期的关于不安全行为的沟通会等。

二、注重员工培训

图3-1是网上流传的一幅名为“跳过了教程直接进入游戏的新玩家”的图片。

图3-1 跳过了教程直接进入游戏的新玩家

图中的士兵把手中的枪当成了弓箭，如果这真的是发生在战场，那么这位士兵将会成为“炮灰”。其实我们的工作场所也相当于一个战场，我们在领导的带领下“冲锋陷阵”，为了取得最终的胜利，也就是完成公司的战略目标日复一日地努力着。如果我们在工作的“战场中”像图3-1中的士兵一样去打仗的话，可以肯定是赢不了这场战役的。因此，教会员工如何使用“武器”也是非常重要的。

因此，班组长还有一个非常重要的工作，就是：把不安全行为矫正与员工业务培训相结合，通过提升员工的技能，减少不安全行为的发生。

为了做好以上工作，班组长可以从以下几个方面入手：

（1）对于新员工，落实岗前培训，保证员工清楚地了解国家和企业的基本安全法律法规，明白工作中存在的风险以及正确的防护措施。

（2）在工作前，完成JAS（Job Safety Analysis，工作安全分析，常用于评估与作业有关的基本风险分析工具，以确保风险得以有效控制），确保所有员工能够知晓作业中存在的风险，并能够在作业前正确穿戴防护用品，避免出现不安全行为。

（3）定期召开安全会议，对经常出现不安全行为的场所和工作内容进行回顾，并搜集当时社会上经常出现的不安全行为事故的热点问题进行分享，力求在员工的头脑中植入“安全第一”的理念，保障员工在作业过程中不出现不安全的行为。

各班组长要注重加强对新员工的管理监督，以防止由于突击生产和侥幸心理导致不安全行为的发生；加强员工实操技能培训，充分发挥班组长和老师傅一对一的“传、帮、带”作用；持续开展班组的危险源辨识和风险评估工作；班前会针对上一班反馈的信息和本班的工作任务进行作业安全风险分析，有重点地落实安全措施；交接班要与现场危险源辨识和隐患排查处理相结合，杜绝上班时不认真负责干好本职工作，急于早下班或因其他事情干扰而导致手忙脚乱、无序操作等不安全行为的发生。

检查员工的不安全操作

不安全操作是指不符合生产安全管理规定的动作或行为。安全操作规程包括：操作步骤和程序，安全技术知识和注意事项，正确使用个人安全防护用品，生产设备和安全设施的维修保养，预防事故的紧急措施，安全检查的制度和要求等。

国家统计局公布的数据显示：2019年全年因各类生产安全事故共造成29519人死亡，其中很大一部分事故是因违反操作规程而发生的。由此可见，人的不安全操作是发生事故的重要原因，也应是班组常规检查的重点。人的不安全操作表现多样，成因复杂，要彻底消除并不是一件容易的事，需要经常性地检查、教育和纠正。

有些员工总是存在侥幸心理，喜欢冒险作业。冒险是指明明知道这种行为或操作存在危险，却不顾规章制度的规定或者他人的劝告，执意采取冒险作业的行为。冒险本身就伴随着风险，存在较大的安全隐患。如果不能及时纠正不安全的操作，安全事故就会频繁发生。

不安全操作主要有以下一些表现：

（1）未经许可开动、关停、移动机器；

（2）开动、关停机器时未给信号；

（3）开关未锁紧，造成意外转动、通电或泄漏等；

（4）忘记关闭设备；

（5）机器运转时加油、清理、检查、调整、焊接；

（6）在起吊物下作业、停留；

（7）未“敲帮问顶”（指井下生产作业开始前，用撬棍、钢钎或镐等敲击井巷、工作面顶板及侧帮，根据发出的声响发现浮石、剥层的方法）开始作业；

（8）不用夹具固定，用手拿工件加工；

（9）使用无安全装置的设备；

（10）未经安全检查人员允许擅自作业；

（11）操作旋转设备时未戴手套；

（12）设备传动部分防护罩缺损或未关好就开车操作；

（13）检修带电设备时，在配电开关处不断电或不挂警示牌；

（14）任意开动非本工种设备；

（15）设备上有安全装置而操作时未使用；

（16）高处作业往地面任意扔物体；

（17）容器内作业时不使用通风设备；

（18）带电作业时不戴绝缘手套；

（19）开动无卷扬限位器的起重设备工作；

（20）其他违反规定的操作。

案例

某厂输煤运行和维护工作分别由两个项目部承担。3月8日，斗轮机发生故障，维护项目部办理工作票进行检修。检修中，维护项目部又增加了一名工作班成员去检修斗轮机，但未办理工作票。

3月9日上午，斗轮机检修完毕，检修人员未按规定交回工作票，只是和运行人员口头联系试运斗轮机。试运中，检修人员发现斗轮机仍有缺陷，未按规定重新履行工作票手续，只是给司机打手势要求停止斗轮机运行。斗轮机停运后，两名检修人员进入斗轮机的轮斗内处理。

司机突然想起斗轮机需连续试运，没有到现场检查斗轮机是否具备启动条件，只是在司机室瞭望，只凭个人直觉没有问题，便启动斗轮机。结果，一名检修人员被旋转的斗轮带起，甩到倒流板的篦子上，导致死亡；另一名检修人员从斗轮上跳下来，捡回了一条命。

这次事故的发生原因主要有以下几个方面：

（1）检修人员严重违章，试运设备不交票，只是和运行人员口头联系；

（2）运行人员严重违章，同意检修人员不交票试运，启动设备前不认真检查；

（3）检修人员严重违章，已经传动的设备再次检修，仍然不办理任何手续；

（4）检修人员严重违章，班组成员变更随意，不履行手续；

（5）运行和维护项目部管理混乱。

生产安全不仅关乎企业的生产进度，更重要的是关乎员工的生命安全，所以在实际生产过程中，员工的规范操作显得尤为重要。班组长可以通过建立标准化作业流程来预防事故，确保安全作业。

建立标准作业流程不仅是促进企业不断壮大的有效手段，能够逐渐提高企业的生产管理水平，而且实行作业标准化能有效控制人的不安全操作。班组生产作业过程中，主要控制对象是人、机、料、法、环五要素。而在这五要素中，我们必须有效控制自由度极大的人这一因素。因为人是客观事物的主体，人的不安全行为是诱发事故发生的主要原因。作业标准化能把复杂的管理和程序化的作业融为一体，能有效控制、约束、规范人的操作，从而减少失误。

班组长制定作业标准时，要把企业各项安全要求优化为“管理标准、技术标准、工作标准”，并在作业单元上严格规定操作程序和动作标准，把人的行为限制在动作标准之中，从根本上控制违章作业，特别是习惯性违章作业，保证班组作业人员上标准岗、做标准活、交标准班，从而制约侥幸心理、冒险蛮干的不良现象，保障班组安全。

对于班组而言，推行规范化和制度化建设意义重大。有了制度和规范，才能保证事事有人做，人人有事做，而且事事都合理高效。因而，班组规范化管理是班组建设和管理的重中之重。班组长应该制定出可操作性的生产达标标准，标准内容要从实际出发，做到系统考虑，整体推进，具体到每个程序和每个班组员工，确保班组总体目标的完成。

检查设备的安全隐患

机械设备的检查分为动设备检查和静设备检查两种。

动设备检查主要包括：机油的量以及是否干净；震动程度；仪表盘参数是否在范围之内（电流表、压力表之类）；机械密封是否需要更换；外表是否干净，周围有无杂物；马达温度是否偏高（偏高则需要加点润滑油）；运转时是否有异声；接头处有无泄漏；接地线是否完好等。

静设备检查因功能而异，静设备主要检查包括：表面有无损坏或者变形；端面有无泄漏；油漆是否完好（可能是用易腐蚀特殊材质做的设备）；辅助元件是否完好（避雷针、接地线、安全阀、喷淋系统、内照明等）；特殊情况下，设备可能需要用放射源观察内部（内表面、内部结构、填料）是否损坏等。

具体来说，不同的机器设备也有不同的检查侧重点。

一、起重设备的安全检查

起重设备的使用效果在很大程度上取决于起重设备使用过程中进行安全技术检查、日常维护保养和管理的质量，安全检查是保证起重设备安全运行的重要条件。

1.检查运行环境

要检查设备运行区间有无电力线路，设备在运行时应与之保持足够的安全距离，否则，应采取相应措施。

要检查周边建筑物、临时设施等有无妨碍起重设备正常运行，吊臂、平衡物等部位是否会与之发生碰撞，特别是门式起重机轨道延伸时或固定式起重机升高位移时，尤其应注意检查。对于汽车起重机，还应检查其支腿位置是否足够、地下有无空洞以及地面承载能力的大小。详细检查起重设备轨道、挡轨器、轨道两端的防撞装置、啃轨（起重机铁轮轮缘与铁轨异常摩擦）情况以及轨道温差间隙等。

2.金属结构的检查

须注意金属结构的塑性变形。认真检查起重设备的重点部位，避免由于超载、热辐射等因素的影响引起隐患。另外，起重臂有无碰弯、扭曲，起重臂、平衡臂根部插销的耳板，桥机的主梁腹板与下盖板之间焊缝是否裂开等，都应重点检查。

3.起重设备行走部分的检查

主要检查行走轮踏面，各开式齿轮、联轴节、变速器的基础螺栓以及行走轮轴的油孔等部位。如行走轮踏面表层硬度质量不好，可在检查中看到块状剥离物；各开式齿轮、联轴节应配有防护罩，变速器的基础螺栓如有松动应及时拧紧，保持行走轮轴的油孔通畅等。

4.各机构和零部件的检查

（1）制动器。制动器是起重设备的重要部件，直接影响各机构运行的准确性和可靠性，因此要认真检查，观察制动闸瓦（运行制动时，直接摩擦车轮使设备停车的制动零件）的开度及摩擦元件的磨损情况。

带式制动器要注意检查其制动带的钢背衬有无裂纹，制动器的传动是否灵活，刹车架是否完好以及主弹簧和辅助弹簧的弹性是否符合要求。

（2）减速器。检查减速器是否漏油，运行时箱体内有无异响。如有异响，一般是轴承问题或齿轮啮合侧隙过大、齿面磨损严重等原因所致。

（3）钢丝绳和滑轮。检查钢丝绳和滑轮，看钢丝绳有无断丝、磨损、扭结和锈蚀等情况，在磨损、断丝较为严重但尚未超标的位置做上记号，以便重点复检。检查钢丝绳在卷筒中的安全限位器是否有效、卷筒上的钢丝绳压板是否已压紧等。

（4）联轴器。检查各联轴节有无松动或滚键（机械设备中由皮带轮、键及轴组成的组件，由于磨损等原因而出现的配合间隙）。着重检查弹性柱销联轴节的弹性橡胶圈有无异常磨损，对齿形联轴节要特别注意其齿轮齿圈磨损状况，弹性橡胶圈有无异常磨损。齿形联轴节要特别注意其齿轮、齿圈磨损情况。在安装精度差、两轴之间有较大偏移的情况下，容易发生严重事故。

5.对电气系统进行检查

检查电动机的绝缘电阻是否在正常范围内，运行时有无异响、温升是否正常。

停机时检查其滑环、电刷、导线接头有无明显的裂纹、磨损、松动和附着炭粉等。

检查集电装置、电源滑线有无变形磨损，张紧装置是否正常，滑线与滑块的接触是否良好。

检查电器元件及控制系统各开关外壳有无破损，合闸时接触部位压力是否适当，熔断器的容量是否符合要求。

接触器主触头和辅助触头有无异常，接触时触头间的压力是否足够，触头脱开是否彻底。

接触器动静铁芯吸合面有无附着物，吸合时有无异响，灭弧罩（让电弧与固体介质相接触，降低电弧温度，从而加速电弧熄灭的比较常用的装置）是否完好。

配电柜上的各继电器工作是否正常，各接线柱、接线螺钉的紧固是否良好，驾驶室内各控制器动作方向是否正确，有无零位保护，特别应检查操纵台上是否设有紧急断电开关，并确认如遇紧急情况，是否能有效切断电源。

检查力矩限制器和各行程保护装置的可靠程度。

6.液压系统的检查

汽车式起重机的起升、回转、变幅（变幅机构是臂架型起重机的主要工作机构，用于改变起重机的幅度，以适应起重机在不同条件下装卸物品）及支腿伸缩动作一般都采用液压传动系统，要检查的有以下方面：

伸缩臂液压缸能否持久保持起重臂伸长长度，液压缸有无泄漏。

变幅油缸及支腿油缸有无泄漏，在额定载荷下，其下沉与回缩量是否符合要求，支腿有无“软腿”现象。

各液压泵、阀、液压锁的运行是否正常，动作是否灵敏可靠，有无异常振动与噪声，密封件性能是否良好，液压油有无内泄、渗漏。

液压油有无变质、污染，油箱液面高度是否符合规定，各高压管、接头有无泄漏等。

二、电气设备安全检查

电气设备的安全检查是为了及时了解电气设备的运行状态，掌握其技术性能；及时了解电气设备的周围环境，控制环境对其性能的影响；及时掌握电气设备对人和物构成的危险，消除不安全状态；及时掌握电气设备的运行参数，提高运行经济性。

案例

2019年年底，春节快要来临了，工厂生产现场一台设备发生故障。维修工张某在接到报修任务后，在第一时间赶到单位来处理故障，他首先切断故障设备电源。在发现故障设备的一根导线脱落时，他拿出工具将线头的金属剥离出来，转身要拿剪线钳。突然，设备的机柜发出声音，并产生火花。张某第一反应就是离开现场。事后张某才知道，在维修过程中，操作工没有检查，自以为设备已经排除故障，可以正常生产，所以擅自打开了电源。

虽然张某没有受到伤害，但是此次事故造成了其他线路设备被烧坏，导致严重的经济损失。

我们应该从这次事故吸取两个教训：张某应该挂牌上锁，操作时，在电源开关上放上明确的警示牌；操作工应该进行检查，确认安全后再打开电源。

一般电气设备安全检查的主要内容有：电机等电气设备的外表是否有效接地；电气设备上方是否有水或化学液体滴漏现象；电气设备缆线绝缘层是否有破损；电气设备是否有过载使用现象；配电箱附近是否有材料、工具或其他的堆放物；导体漏出部分是否容易被人接触，是否挂有“危险”警示牌；配电盘外壳是否有效接地；危险作业场所电气设备是否为防爆型；电器控制盘是否设置了绝缘平台或绝缘垫；临时线配置是否安全；绝缘支持物是否有缺损或脱落现象；中间接线盒内是否有积棉或其他杂物；现场配电盘是否确实关闭；电器开关保险丝是否与实际用电量相匹配；避雷针是否有效安装与接地；电气设备或电气线路是否过热；电器连接部位是否完好等。

设备正常运行时，检查电缆线头、接触器、空气开关是否异常发热或变色；检查电流、电压指示值是否稳定和正常，检查指示灯是否正常，检查无功补偿效果；检查电机温度、声音、振动，电机接线盒是否松动、电缆保护管是否牢固、线路与机架有无摩擦，电机、线路有无异物压卡或被酸液、碱液、雨水、油等淋到；设备正常运转时，滚动轴承温度不超过85℃，电机温度不超过95℃；液压站润滑油温度与压力、液压泵工作压力是否正常，判断电机运行状态；检查开关柜线路进入处，检查下雨时雨水是否会进入开关柜；检查变压器的出线电缆温度、电缆绝缘老化情况、电缆头的颜色、变压器的油位是否接地、高低压瓷瓶外表有无漏电现象。

电气设备危险性较高，安全检查也属于危险操作。检查时务必使用合格的工具、仪器、劳动保护用品。在检查电缆、空气开关、接触器时，严禁直接用手或直接手持金属物件、湿物件去触摸带电导体；设备开机时严禁拆卸开关、电缆或电机，严禁移动电缆电线；检查时注意与电机、机械设备转动部分保持足够距离（0.3米以上）；注意长袖衣服、长头发与设备保持安全距离，做好防范工作；检查高压设备时，必须与电气设备、线路保持足够的安全距离（0.5米）；严禁操作工自行拆卸、调整控制柜内的电器元件和电缆，遇紧急情况必须时，断开该回路空气开关或该控制柜内的总开关；电工或钳工在检修设备时，必须挂“有人作业，禁止送电”操作牌，执行“谁挂谁摘”制度，严禁操作工自行摘除“有人作业，禁止送电”操作牌；停变压器高压电源时，必须先停变压器低压侧总开关后，用令克棒去停10千伏高压跌落保险（或高压真空开关）停电，停电必须由电工按调度指令或电工遇到紧急事件进行操作，事后及时向调度汇报，严禁直接操作10千伏高压跌落保险停电，电工操作高压停电时必须实行监护制度；配电室任何回路电源停送电，必须由电工操作，其他人一律不得操作开关。

三、锅炉与压力容器安全检查

锅炉和压力容器是特殊设备，安全问题尤为重要，因而更需要仔细检查。

（1）检查安全阀。安全阀是锅炉的重要安全附件之一，它对锅炉内部压力极限的控制及对锅炉的安全保护起着重要的作用。安全阀应按规定配置，合理安装；安全阀应结构完整、灵敏、可靠。应每年对其检验、定压一次并铅封，每月自动排放试验一次，每周手动排放试验一次，做好记录并签名。

（2）检查压力表。压力表用于准确地测量锅炉上所需测量部分压力的大小。锅炉必须装有与锅筒（锅壳）蒸汽空间直接相连接的压力表。根据工作压力选用压力表的量程范围，一般应在工作压力的1.5～3倍。表盘直径不应小于100毫米，表的刻盘上应画有最高工作压力红线标志。压力表装置齐全（压力表、存水弯管、三通旋塞），应每半年对其校验一次，并铅封完好。

（3）检查水位计。水位计用于显示锅炉内水位的高低。水位计应安装合理、便于观察，且灵敏可靠。每台锅炉至少应装两只独立的水位计，额定蒸发量小于0.2吨/小时的锅炉可只装一只。水位计应设置放水管并接至安全地点。玻璃管式水位计应有防护装置。

（4）检查温度测量装置。温度是锅炉热力系统的重要参数之一。为了掌握锅炉的运行状况，保证锅炉的安全、经济运行，在锅炉热力系统中，锅炉的给水、蒸汽、烟气等介质均需依靠温度测量装置进行测量监视。

（5）检查保护装置。一是检查超温报警和连锁保护装置。超温报警装置安装在热水锅炉的出口处，当锅炉的水温超过规定的水温时，自动报警，提醒司炉人员采取措施减弱燃烧。超温报警和连锁保护装置连锁后，还能在超温报警的同时，自动切断燃料的供应和停止鼓风，以防止热水锅炉发生超温而导致锅炉损坏或爆炸。二是检查高低水位警报和低水位连锁保护装置。当锅炉内的水位高于最高安全水位或低于最低安全水位时，水位警报器就会自动发出警报，提醒司炉人员采取措施，防止事故发生。三是检查锅炉熄火保护装置。当锅炉炉膛熄火时，锅炉熄火保护装置作用，切断燃料供应，并发出相应信号。

（6）检查排污阀或放水装置。排污阀或放水装置的作用是排放锅炉水蒸发而残留下的水垢、泥渣及其他有害物质，使锅炉水的水质控制在允许的范围内，使受热面保持清洁，以确保锅炉的安全、经济运行。

（7）检查防爆门。为防止炉膛和尾部烟道再次燃烧造成破坏，常在炉膛和烟道易爆处装防爆门，防爆门要安全有效。

（8）检查锅炉自动控制装置。自动控制装置通过工业自动化仪表对温度、压力、流量、物位、成分等参数的测量和调节，达到监视、控制、调节生产的目的，使锅炉在最安全、经济的条件下运行。

以上分别介绍了起重设备、电气设备和锅炉与压力设备的检查。每个企业都有各自不同的设备，并且远不止这三样，包括日常公用设备，如空调、饮水、照明设备；手持电动工具，如切割机、电钻，甚至小到电动螺丝刀等。各式各样的设备支持着整个企业的生产运行。只有有效地管理好这些设备，正确地识别和消除设备存在的安全隐患，才能保证企业良好运行。因此，我们应该建立设备隐患的检查机制。

班组长要与企业一起制定一个设备隐患检查表，将公司现有的所有设备进行隐患识别并制订检查计划。表3-2是一个外资公司的部分设备隐患检查表。

表3-2 某外资公司的部分设备隐患检查表

序号	活动/部位/设施	所属部门/区域	存在安全隐患	检修计划	检修日期	检修情况	审核人
1	金属试样研磨抛光机	质量保证部/实验室	保护罩失效	半年			
			电路漏电	半年			
			开关控制失灵	半年			
2	1#普通车床	生产部	设备不稳定	一年			
			电路漏电	半年			
			电机工作异常	半年			
			控制开关失灵	一年			
			安全距离内有杂物	使用前			

续表

序号	活动/部位/设施	所属部门/区域	存在安全隐患	检修计划	检修日期	检修情况	审核人
3	2#普通车床	生产部	设备不稳定	一年			
			电路漏电	半年			
			电机工作异常	半年			
			控制开关失灵	一年			
			安全距离内有杂物	使用前			

表3-2可交由设施部或生产部进行统一管理，由各设备的所属部门负责设备的检查。当有新的设备购入，以及发现新的设备安全隐患时，要及时更新，确保不遗漏任何一个隐患。设备从设计阶段到投入运行再到报废，这一系列过程都可能存在不同的安全隐患。我们要制定完备的管理制度，对其每一个阶段、每一种状态下可能存在的隐患加以识别，施以控制，加强各级管理人员的责任心，积极发现设备的安全隐患，积极改善和处理，消除隐患。同时，也要加强现场操作人员的技术水平和综合素质。安全隐患排查治理要从设备本身、设备运行环境、人员的行为因素等方面来进行原因分析，并运用科学手段进行隐患治理和管理，保证设备安全高效地运行。只有这样，我们才可以确保所有设备的安全隐患处于受控的状态，减少或避免因设备带来的安全事故。

检查物料的安全隐患

安全生产现场检查是指，在生产现场的检查和巡查。加强安全生产现场检查工作，促进现场隐患整改，对全面提升班组生产现场安全具有重大意义。

现场检查主要是检查作业现场是否存在人的不安全行为和物品的安全隐患。前面我们讲了人的不安全行为，下面重点谈一下物的安全隐患的检查。

物是指生产过程中发挥一定作用的机械、物料、生产对象以及其他生产要素的统称。物都具有不同形式、性质的能量，有出现能量意外释放、引发事故的可能性。由于物的能量可能释放引起事故的状态，称为物的安全隐患。这是从能量与人的伤害之间的联系所给的定义。如果从发生事故的角度来看，我们也可把物的安全隐患看作可能引起事故的物的状态。

在现场安全中，人的不安全行为是事故发生的主观条件，而物的安全隐患是事故发生的客观条件。人们习惯把人的不安全行为称为“违章”，把物的不安全称为“隐患”。一旦物的不安全的运动轨迹与人的不安全行为的运动轨迹交叉，就可能导致事故发生。正确判断物的具体不安全状态，控制其发展，消除其隐患，对预防、消除事故有直接的现实意义。

在生产过程中，物的安全隐患极易出现。所有的物的安全隐患，都与人的不安全行为或人的操作、管理失误有关。物的安全隐患是造成事故的直接原因，它往往在不经意间突然来临。现场检查中要重点检查物的安全隐患。

一、设备、设施、工具、附件存在缺陷

（1）设计不当，结构不符合安全要求。例如，设备功能上该有联锁装置的，没有安装联锁装置。

（2）强度不够。例如机械强度不够，起吊重物用的绳索吊具不符合安全要求，容易断裂。

（3）设备在非正常状态下带“病”动转，超负荷运行，有故障（隐患）未予以及时修复等。

二、防护、保险、信号等装置缺乏或有缺陷

如无防护罩，无安全保险装置，无报警装置，无限位装置，无安全标志，无护栏或护栏损坏，电气设备未接地，绝缘不良，以及防护不当等情况。

三、作业场所不符合安全要求

如没有安全通道，作业场所狭窄，场地杂乱，物件堆置的方式或放置的位置不当，操作工序设计或配置不安全等。

四、劳动防护用品、用具配备缺少或有缺陷，缺乏具体使用规定

五、生产（施工）场地环境不良

如作业环境的照明太暗或太亮，通风换气条件差，作业环境的道路、交通存在缺陷，噪声太大，作业环境存在风雨雷电等灾害性天气等。

六、生产物资，如危险化学品等本身具有安全隐患

案例

2008年2月19日早六点，某公司综采一队出勤53人，跟班队长李某和工长苏某对当班工作任务做了具体安排。人员到达工作面后，跟班队长李某、跟班安监员梁某巡查时发现了56#到58#支架处的顶板不好，需要维护，但没有及时安排处理。

13点左右，跟班队长李某安排工长苏某带人对工作面56#到58#液压支架处的顶板进行维护。当时，该处的空顶较高，苏某在未采取临时支护等安全措施的情况下，爬到支架上，用木头支护顶板，姜某和朱某负责给支架上的苏某递送木料，崔某等人负责往工作面运送木料。在姜某、朱某给苏某递了三根木料的时候，55#到58#架空顶处发生塌顶，落下来的煤和矸石将姜某全身埋住，同时埋住了朱某的双腿。跟班队长李某等立即赶来组织人员把姜某抢救出来，姜某在送往医院抢救的途中死亡。

工作面构顶时没有采取临时支护等防范措施，操作人员违章进入空顶区作业，是造成事故的直接原因。在已经发现了物的安全隐患后（56#到58#支架处顶板不好），却没有能够及时安排处理，最终导致了这一事故的发生。

物的安全隐患也是随处可见的。笔者去一家新企业组织第一次安全巡检时，就发现了很多物品的安全隐患。

（1）遮挡灭火器、消防栓和应急疏散柜，如图3-2和图3-3所示。

图3-2 遮挡灭火器

图3-3 遮挡消防栓和应急疏散柜

对于消防器材的遮挡，责任人一般会告诉你："我就只是临时占用，很快就拿走。"但《中华人民共和国消防法》第二十八条已经明文规定，任何单位、个人不得遮挡消防栓。不论是临时占用还是其他原因，灭火器材被遮挡都是不被允许的，如果正好发生了火灾，因为灭火器材被物品遮挡而错失了灭火的最佳时机，那将会造成难以想象的后果。

（2）作业场所存在物品掉落安全隐患，如图3-4所示。

图3-4 作业场所天花板存在物品掉落可能

作业场所存在物品掉落的安全隐患同样需要注意，避免“人在座位坐，祸从天上来”的悲剧发生。班组长在检查物的安全隐患时，不能只是“埋头苦干”，也需要“目光高远”，注意天花板、高位货架等高处是否有物品掉落的可能，同时也需要加强管理，在有明确高度限制的地方堆放物品时，不得超过高度限制，避免带来新的安全隐患。

（3）存在安全隐患的工具，如图3-5所示。

图3-5 工具尖端存在安全隐患

生产过程中所使用的工具是否存在安全隐患，要加以识别和控制。最好的方法就是，将有安全隐患的工具替换为没有安全隐患的工具。对于一些行业来说，有的工具是特定的，很难找到替代品。此时就需要思考是否能够在未能找到替代品的情况下，使用该工具所造成的后果在能够接受的范围内。例如，可以将图3-5中的工具尖端进行倒角处理，使其变得圆滑，不易刺伤员工。

（4）私拉乱接电线造成安全隐患，如图3-6所示。

图3-6 私拉乱接电线

在有些企业里面，私拉乱接电线的现象非常严重，这样可能会造成人员绊倒，甚至引起火灾。图3-6所示的情景发生在一个实验室里，设想一下，如果因为线路老化、短路等问题，插线板燃烧，造成了火灾，后果将多么严重。当你在问员工为什么私拉乱接电线时，他们都会找一大堆的理由：“为了节约时间。”“找不到设施部的接线人员。”“就用这一会儿，不会有问题的。”作为班组长，我们应该明确私拉乱接电线是不被允许的。我们应该对班组成员灌输这一理念：在需要用电而找不到插座时，一定要通过企业的流程，找到相关有资质的人员进行接线。只有在保证安全的前提下，我们所做的事情才会有意义。

（5）电气工具使用完毕没有及时关闭，如图3-7所示。

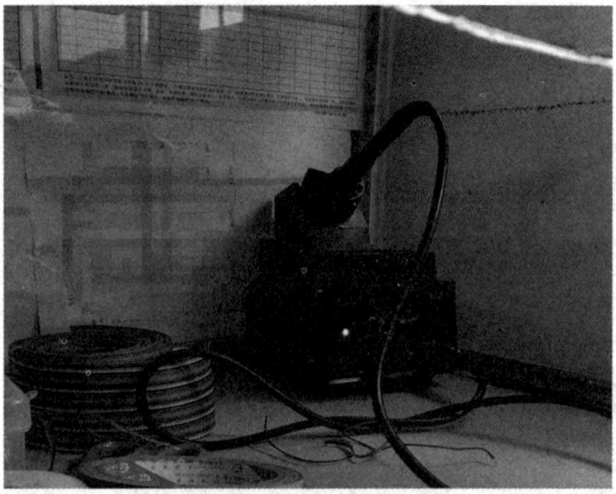

图3-7 电烙铁未断电

在生产过程中，我们总少不了使用很多带电的工具和设备。使用完毕后，一定要注意断电。图3-7所示就是人员离开后，仍然处于加热状态中的电烙铁。可以看到，电烙铁周围有很多易燃物品，这种情况是极易引发火灾的。后经调查得知，这个电烙铁是此工位员工专用，这次因一时疏忽，离开时没有关闭电源。这正好提醒班组长，越是日常使用的工具，员工们越容易疏忽，所以在日常的工作中，更应该加强对日常使用的工具进行检查和控制，切不可大意。

以上便是五种笔者在以前的工作中，经常碰到的物的安全隐患的案例。工作中，我们总是在和物打交道，我们的现场作业人员要提高对物的安全隐患的重视程度，同时，在发现隐患后，还需要执行力。在认知上要重视物的安全隐患，善于发现身边潜在的危险，对于技术上没有或不能解决的隐患，要有明确的防范意识，通过对工艺的学习，熟悉自身所处环境中的一些可能存在的安全因素，从主观上增加对隐患的预防和处理能力。在发现物的不安全隐患后即刻处理，不得怠慢。生产现场尽量减少物的安全隐患与人的不安全行为形成的交叉，就可以有效地控制事故的发生。

检查环境的安全隐患

在企业的生产场所中，作业环境与安全生产有着密切的联系，因此必须引起足够的重视。我们需针对以下几个方面进行重点检查，确保企业正常运行：

一、生产现场有无“三违”现象

“三违”是指违章指挥、违章操作、违反劳动纪律。

针对“三违”现象，班组长要重点检查员工现场操作是否按照安全操作规程操作并佩戴劳动防护用品。不同行业员工的劳保用品配备和使用有不同的规定，如建筑工人要配备和使用安全帽、工作服、工作鞋、手套等，粉碎工要重点配备和使用防尘口罩，钳工、机床工要重点配备和使用防护皮鞋、防护眼镜等。

案例

2016年1月15日，某车间1线在进行模具清洁工作及设备保养工作，员工李某脚穿球鞋清洗模具上的污物，洗液丙酮漫入其球鞋中。由于洗液的浓度和温度均不高，李某没有及时处理。到下班时，李某才脱掉球鞋，发现脚面皮肤已发白，便立即去医院治疗，但医生没有给予正确处置，只是在脚面上涂了消炎药，就让李某回家休息。第二天，李某脚部皮肤发黑，赶紧到另一所医院治疗，被诊断为皮肤局部三度烧伤，住院治疗了半个月。由于皮肤和肌肉都受到洗液灼伤，最终导致李某正常行走受到影响。

事故发生的原因：

（1）违章作业，没按规定穿劳保鞋作业。

（2）对丙酮的危害性缺乏了解，没有及时进行清洗处理。

经验教训：

（1）人体皮肤长时间接触浓度和温度不高的碱液，也会产生严重危害，被丙酮侵蚀的皮肤没有及时得到正确处理，会造成严重后果。

（2）在清洗模具时，操作人员必须按规定正确穿戴劳保用品，否则不准上岗操作。

当发生“三违”现象时，就有可能让生产环境中存在的安全隐患有机可乘，进而对员工造成伤害。如果我们能够遵守规定，不违反劳动纪律，穿戴好劳动防护用品，就可以保护自己。例如，穿劳保鞋，是为了避免上述案例中洗液的伤害，还可以避免被砸伤；佩戴耳塞，是为了避免噪声的伤害；佩戴口罩，是为了避免粉尘伤害；佩戴护目镜，为了避免碎屑或强光对眼睛的伤害；等等。

二、车间、仓库环境是否整洁，物资堆放是否有序

（1）消防通道、应急疏散通道不能被堵塞。

（2）车间、仓库的物品摆放有序，并放置到正确的区域。例如，危化品需要有专门的危化品存放区，且该区域的硬件设施符合法律法规要求。特殊物品的存放要满足安全要求，例如，氧气瓶、乙炔瓶不能曝晒、倒立，两种气瓶不能同库存放，必须存放在通风较好的宽敞场所，两者之间须相距5米以上。

三、危险物品管理是否规范

剧毒品、爆炸品的管理是否做到“五双”（双人验收，双人发货，双人保管，双把锁，双本账），危险化学品是否专库存放，危险

化学品是否有安全技术说明书和安全标签等（见图3-8）。

图3-8 危险物品专库存放

重点项目、重点设备设施是否安装安全装置和安全警示标志（见图3-9）。

图3-9 重点设备未安装安全装置和安全警示标志

四、动火作业是否经过审批以及是否采取有效的防护措施

正确填写动火作业审批表并完成审批，现场检查是否按照动火作业审批表上填写的防范措施进行相应的准备，如准备灭火器、作业区域周围避免火星等。

五、高空悬挂和有限空间作业等危险作业有无采取安全防范措施

制订施工方案和明确安全操作规程，采取安全防范措施，设置作

业现场的安全区域，由具有相应资质的单位和专业人员施工，确定专人进行现场统一指挥，安排安全生产管理人员进行现场监督等。

六、车间、仓库、员工宿舍的设置是否符合安全要求

企业的车间、仓库、宿舍等，必须满足消防要求。

七、车间、员工宿舍是否按规定设置安全出口、疏散通道，消防器材设施是否按规定设置

图3-10 消防通道被堵塞

如图3-10所示，车间、员工宿舍应按照规定设置安全出口、疏散通道，不得堵塞安全通道。

厂房的安全出口一般不应少于两个，但符合下列要求的可设一个：

（1）甲类厂房每层建筑面积不超过100平方米，且同一时间的生产人数不超过5人。

（2）乙类厂房每层建筑面积不超过150平方米，且同一时间的生产人数不超过10人。

（3）丙类厂房每层建筑面积不超过250平方米，且同一时间的生产人数不超过20人。

（4）丁、戊类厂房每层建筑面积不超过400平方米，且同一时间的生产人数不超过30人。

厂房疏散通道包括楼梯、走道和门：

疏散楼梯宽度不少于1.1米，走道的宽度不少于1.4米，疏散门的宽度不少于0.9米，且门要向外开（当人数少于50人时，可以适当减少，但门的宽度不少于0.8米）。楼梯、走道应安装应急照明和疏散指示灯。

八、消防器材

灭火器要按照企业场所危险等级和企业生产性质选配，如石油化工场所应配置泡沫或ABC干粉灭火器，有精密仪器的场所应选配气体（二氧化碳、卤代烷）灭火器，其他场所配置ABC干粉灭火器。

九、空气质量是否达到要求

生产场所的空气是否满足GB 3095—2012《环境空气质量标准》要求。对于生产过程中产生微量热量、蒸汽、烟雾、粉尘的企业，要利用门窗进行自然通风换气；产生热量、蒸汽、烟雾、粉尘比较多的企业，要采用机械通风排除有害物，在必要情况和特殊环境下，要求员工佩戴相应的防护口罩——如有较多粉尘时，佩戴相应级别的防护口罩，若是有危害气体，如含苯类物质时，佩戴防毒面罩等防护用品，从而保障员工处于健康的工作环境中。

十、电气设备及其安装要符合行业标准和安全条件

输配电线路：甲类厂房、库房，甲乙类液体、气体储罐与电力架空线的最近水平距离不小于电杆高度的1.5倍，丙类液体储罐与电力架空线的最近水平距离不小于电杆高度的1.2倍。厂房内电线不能乱接乱拉，不能用铁丝、铜丝代替保险丝。

配电房的长度大于7米和建筑面积大于60平方米时，应设两个出

口；配电房的门要向外开；配电房的窗户，应采取防止雨雪和小动物进入的措施。

十一、危险场所照明设备是否达到要求

危险物品生产、存储场所的开关、照明等电器设备应采用防爆装置，电线应采用阻燃管保护，仓库白炽灯要在60瓦以下，严禁使用普通日光灯等。

十二、噪声、饮水、环境温度等是否达安全要求

噪声需要满足国家的排放标准要求，可以参考GB 12348—2008《工业企业厂界环境噪声排放标准》和《环境影响评价技术导则》。若厂内噪声超过人体受限标准时，需要对噪声进行处理，在无法降低至安全范围时，对接触噪声的员工要求佩戴防噪耳塞。

员工工作场所饮水需要保证安全。笔者所工作过的企业里，对日常用水都会进行定期检查，以确保员工饮水不会对身体造成伤害。如果饮水不健康，长年累月，会对员工的身体造成很大的伤害。

工作场所的温度对员工有着直接的影响。如果是在办公区，环境温度影响较大的就是冬季和夏季，因为太冷或者太热会使员工在工作中受冻或中暑，可以采用空调解决。如果在特定的作业环境中有低温或者高温的存在，必须按照企业规定进行相应的保护，以免造成人员伤亡。

企业的员工就像是一条鱼，而身处的工作环境就像是水，没有一个员工可以独立到环境以外，而且必须时时刻刻与周围的环境打交道。只有在好的环境中，我们才能够更加如鱼得水地专心做自己的工作，解决生产中的问题，使企业保持良好的运行。上述提到的十二类环境因素需要进行重点检查。班组长可以根据实际情况，将适合本企业的环境因素汇总成环境因素检查表，制订定期的检查计划，以消灭环境中存在的安全隐患。

04

第四章

正确使用防护用品，预防职业病

每一个人都应该知道如何规范穿戴防护用品，这样，防护用品才能真正起到保护员工的作用。企业要定期组织员工进行职业病体检，及时发现、尽早预防职业病的发生。

常见防护用品的类型及使用技巧

《中华人民共和国安全生产法》明确规定：从业人员在作业过程中，应当严格遵守本单位的安全生产规章制度和操作规程，服从管理，正确佩戴和使用劳动防护用品。

劳动防护用品是保护劳动者在生产劳动过程中的安全和健康，避免各类事故和职业危害发生的辅助防护装备。如果不按规定穿戴劳动防护用品，则是违章违纪行为，不仅有损企业形象，还影响员工的安全健康。每一个人都应该懂得防护知识，知道如何规范穿戴防护用品，这样，防护用品才可以真正起到保护员工的作用，才能够保护我们的安全健康，防止安全事故的发生。

案例

2009年3月20日15时25分，重庆某公司技质部物理实验室试样加工组下午上班后，陈某（试样加工组组长，试样工张某的师傅）根据当天加工任务，安排张某操作CA6140普通车床，加工两个拉力试样。张某按照组长的安排，立即开动车床加工试样。张某加工完一个拉力试样后，在加工另一个拉力试样时，感觉加工的难度较大，于是，张某请师傅陈某到车床指导。张某站在陈某右面听其讲解。15时25分左右，陈某使用锉刀（外缠纱布）抛光试样斜坡度时，身体突然趴在车床上。张某立即关掉车床，并报告副组长刘某。刘某立即报告物理实验室主任郭某，郭某立即通知120，并向公司领导报告。120急救车到现场后，医生发现陈某已死亡。

后经调查，重庆某公司技质部物理实验室试样加工组组长陈某在进行加工作业时，未能按安全操作规程穿戴劳动防护用品，导致加工拉力试样时，右手衣袖被旋转的拉力试样设备绞入，人往前倾斜，头部与旋转的车床形成撞击，这是导致这次安全事故的根本原因。

科学试验证明，在劳动过程中按规定使用防护用品是十分必要的。劳动防护用品种类很多，不同种类的防护用品，可以起到不同的防护作用。作业人员正确地穿戴劳动防护用品，是企业进行安全生产的第一步。

图4-1是一般工作人员在进行作业时需要穿戴的基本安全防护用品。

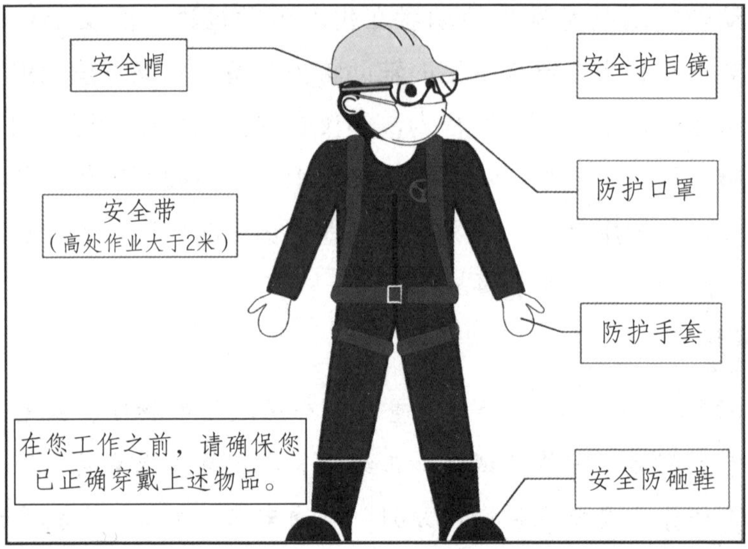

图4-1 一般工作人员在进行时需要穿戴的基本安全防护用品

一、头部防护用品

为了保护头部不受外来物体打击和其他因素危害而配备的个人防护装备。根据防护功能要求，目前主要有一般防护帽、防尘帽、防水帽、防寒帽、安全帽、防静电帽、防高温帽、防电磁辐射帽、防昆虫帽等九类产品。一般防护帽是最常用、最重要的防护装备。

戴防护帽要注意如图4-2、图4-3所示两点。

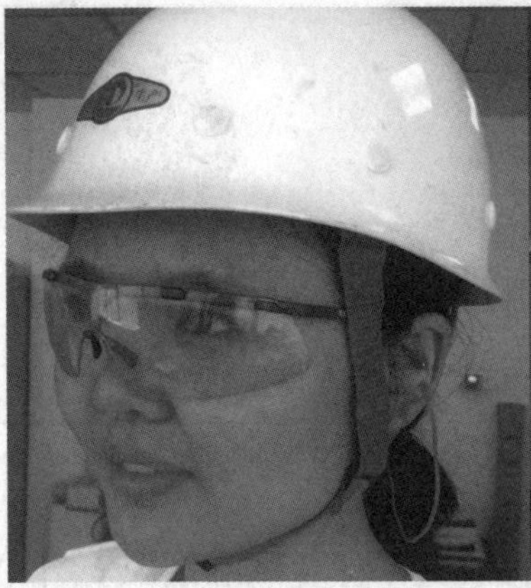

图4-2　帽子戴正

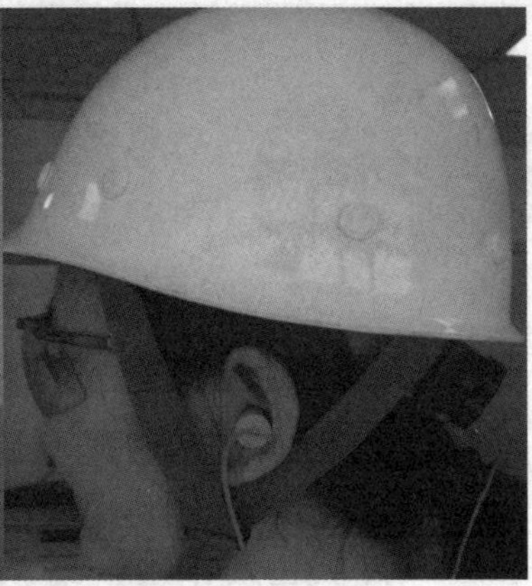

图4-3　系紧绳扣

在戴安全帽之前，还应当进行相关检查工作，见图4-4。

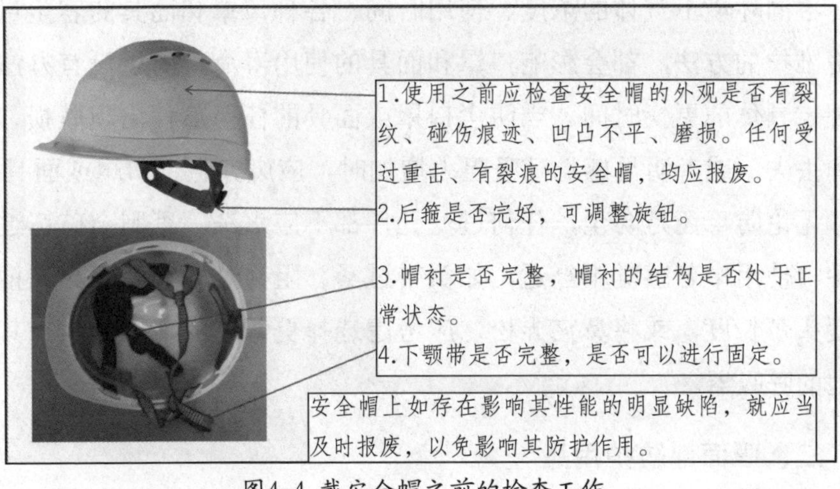

图4-4　戴安全帽之前的检查工作

二、呼吸器官防护用品

呼吸器官防护用品可防御有害气体、蒸汽、粉尘、烟、雾从呼吸道吸入，可直接向使用者供氧或清洁空气，保证尘、毒污染或缺氧环境中作业人员正常的呼吸。呼吸器官防护用品按防护功能主要分为防尘口罩和防毒口罩（面罩），按形式又可分为过滤式和隔离式两类。

三种常见呼吸防护用品如图4-5所示：

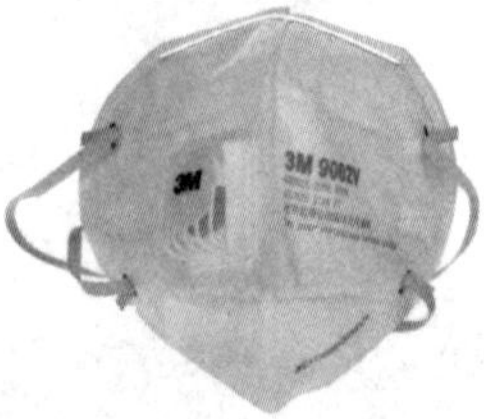

防毒口罩　　防尘口罩　　防毒面具

图4-5 三种常见呼吸防护用品

要想防护真正起到作用，必须正确佩戴口罩或面具，不仅要按照使用说明书佩戴，确保每次佩戴位置正确，还必须在作业中坚持佩戴。若发现口罩或面具的失效迹象时，应及时进行更换。

不同环境下气体的浓度、使用时间、各种口罩和面具的容尘量、使用维护的方法，都会影响口罩和面具的使用寿命，所以没有办法统一规定具体的更换时间。当防尘口罩或面具的任何部件出现破损、断裂和丢失，或者明显感觉呼吸阻力增加时，应废弃整个口罩或面具。

无论防毒还是防尘，任何过滤元件都不应水洗，否则会破坏过滤元件。使用中若感觉不舒适，如头带过紧、阻力过高等，不允许擅自改变头带长度，或将鼻夹弄松，应考虑选择更舒适的口罩面具或其他类型的呼吸器。

三、眼面部防护用品

为防止烟雾、尘粒、金属火花、飞屑、热、电磁辐射、激光、化学物品飞溅等伤害眼睛或面部的个人防护用品称为眼面部防护用品。眼面部防护用品种类很多，根据防护功能，大致可分为防尘、防水、防冲击、防高温、防电磁辐射、防射线、防化学飞溅、防风沙、防强光九类。目前，我国生产和使用比较普遍的有三种类型，即焊接护目镜和面罩、炉窑护目镜和面罩以及眼部防冲击防具。

防固体碎屑的防护眼镜主要用于防御金属或砂石碎屑等对眼睛的机械损伤。眼镜片和眼镜架结构应当坚固、抗打击；框架周围装有遮边。防护镜片可选用钢化玻璃、胶质黏合玻璃或铜丝网防护镜。如果眼睛已经近视，市面上的一些眼镜公司也可以定制近视防护眼镜。图4-6便是某企业为了防止固体碎屑伤害员工眼睛而专门定制的带左右护框的近视眼镜。

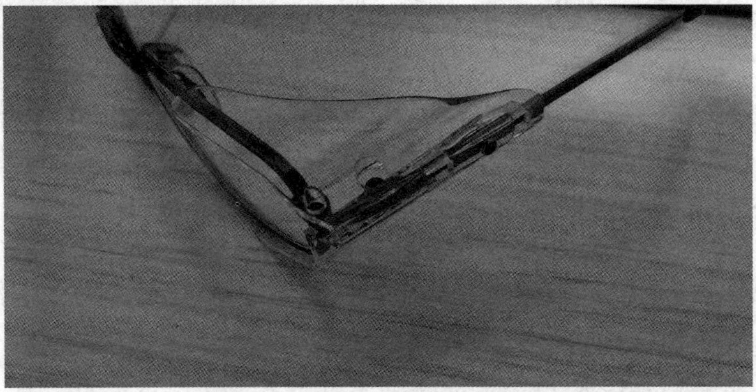

图4-6 带左右护框的近视眼镜

防止化学溶液伤害的防护眼镜，主要用于防御有刺激或腐蚀性的溶液对眼睛造成损伤。可选用普通平光镜片，镜框应有遮盖，以防溶液溅入。通常用于实验室、医院等场所，一般医用眼镜即可通用。

防辐射的防护眼镜，用于防御过强的紫外线等辐射线对眼睛的危害。镜片使用能反射或吸收辐射线但能透过一定可见光的特殊玻璃制成。

四、听力防护用品

听力防护用品是指，防止过量的声音侵入外耳道，避免人耳受到噪声的过度刺激，减少听力损失，预防由噪声对人身引起的不良影响的个体防护用品。

听觉器官防护用品主要有耳塞、耳罩和防噪声头盔三大类。

常见的海绵防噪声耳塞的正确使用方法为：取出耳塞，用食指和大拇指将其搓细；另一只手向上向外提起耳郭（这一点很关键）并保持住，然后将搓细的耳塞圆头朝向耳朵，塞入其中；用手扶住耳塞，直至耳塞在耳中完全膨胀定型（大约要持续三十秒）（如图4-7所示）。

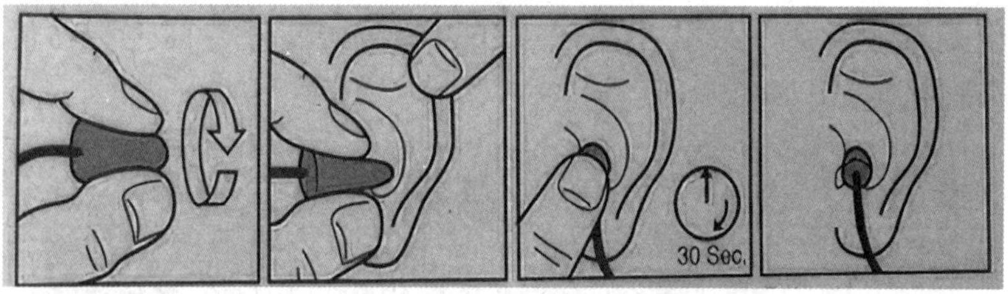

图4-7 海绵防噪声耳塞的正确使用方法

五、手部防护用品

保护手部和手臂，供作业者劳动时戴用的手套称为手部防护用品，通常人们称作为劳动防护手套。

按照防护功能划分，手部防护用品可分为十二类，即一般防护手套、防水手套、防寒手套、防毒手套、防静电手套、防高温手套、防X射线手套、防酸碱手套、防油手套、防震手套、防切割手套、绝缘手套。每类手套按照材料又可以分为许多种。

员工在佩戴防护手套作业过程中，有时需要脱掉手套做一些细致的作业，员工会因此在整个作业过程中频繁穿戴防护手套。这时，员工非常容易忘掉或是嫌麻烦，导致未正确穿戴手套。班组长需要对此类作业进行重点监控，并提醒员工穿戴好手套，否则极易发生安全事故。

六、足部防护用品

足部防护用品是防止生产过程中有害物质伤害劳动者足部的护具，通常人们称其为劳动防护鞋。

按照防护功能划分，足部防护用品可分为防尘鞋、防水鞋、防寒鞋、防足趾鞋、防静电鞋、防酸碱鞋、防油鞋、防烫脚鞋、防滑鞋、防刺穿鞋、电绝缘鞋、防振鞋等，每类鞋根据材质的不同又能分为许多种。

七、躯干防护用品

躯干防护用品就是我们通常讲的防护服，例如，灭火人员应穿阻燃服，从事酸（碱）作业人员应穿防酸（碱）工作服，易燃易爆场所应穿防静电产生的工作服等。

防护服根据防护功能，分为一般防护服、防水服、防寒服、防砸背心、防毒服、阻燃服、防静电服、防高温服、防电磁辐射服、耐酸碱服、防油服、水上救生衣、防昆虫服、防风沙服等产品，每一类产品又可根据具体防护要求或材料分为不同种类。

八、防高处坠落防护用品

防坠落防护用品是防止人体从高处坠落，通过绳带，将高处作业者身体系接于固定物体上，或在作业场所的边沿下放一张网，以防不慎坠落。这类用品主要有安全带和安全网两种。

图4-8所示是常见的一种安全带。

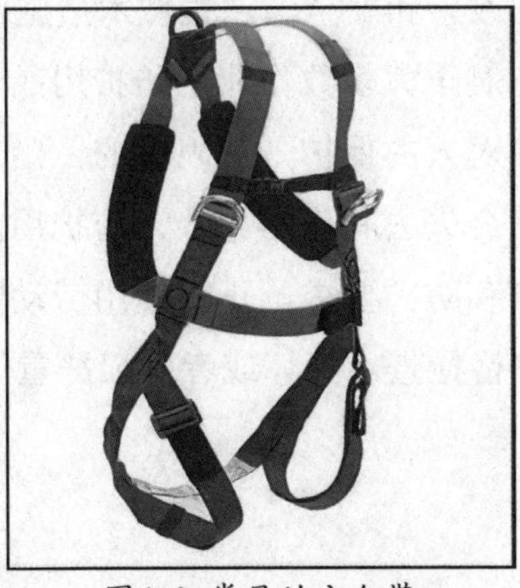

图4-8 常见的安全带

在2米以上的高空作业时，工作人员必须穿戴安全带，正确的穿戴方法如下：

（1）在使用安全带前，使用者须检查各部件是否损坏，若有损坏，请及时维护，切莫使用。

（2）安全带禁止挂在可以移动、带尖锐棱角、不牢固的物件上。

（3）安全带必须高挂低用。将安全带挂在高处，员工在下面工作。万一发生坠落，可使实际冲击距离减小。与之相反的是低挂高用，当坠落发生时，实际冲击的距离会加大，人和绳都要受到较大的冲击负荷。所以，安全带必须高挂低用，杜绝低挂高用。

（4）安全带要拴挂在牢固的构件或物体上，要防止摆动或碰撞，绳子不能打结，钩子要挂在连接环上。

（5）安全带在使用两年后应抽验一次，频繁使用应经常进行外观检查，发现异常必须立即更换。

劳动防护用品是劳动保护的辅助性措施，是防止劳动者受到职业毒害和伤害的最后一项有效措施。劳动保护的主要措施包括：改善劳动条件，采取有效的安全、卫生技术措施。劳动防护用品的使用属于劳动保护的辅助性措施，不能因为使用和配备了有效的劳动防护用品就忽视了劳动条件的改善和安全、卫生技术措施的实施。

在一般情况下，对于大多数作业，防护用品具有消除或减轻伤害的作用。但防护用品对人的保护是有限度的，当伤害超过允许的防护范围时，防护用品就会失去其作用。个人防护用品使用者必须按照劳动防护用品使用规则和防护要求，正确使用劳动防护用品，使用前要对其防护功能进行严格检查，损坏或者磨损严重的，必须及时更换。

纠正错误防护

在了解常见防护用品的类型及使用技巧后，班组长需要负起一个很重要的职责，那便是纠正错误防护。劳保用品是为了保护员工在操作过程中安全健康，避免各类事故和职业危害发生的重要防护装备，只有按照规定认真规范穿戴才能发挥作用。使用防护用品是劳动者防止职业毒害和伤害的最后一道防线，如果我们不能正确地使用防护用品，那这一道防线便形同虚设。

然而，在实际工作中总有一些人不按照规定做防护，从而发生安全事故。纠正错误防护，并实时监督防护品的穿戴，也是班组长很重要的一项工作职责。

一、错误防护行为

班组常见的不按规定穿戴防护用品的行为有：

（1）进入生产岗位，不穿戴防护用品；

（2）在处理有毒、窒息性气体的设备或容器管道的盲板时，未使用隔离式防毒面具或过滤式防毒面具；

（3）操作旋转机床设备或进行检修试车时敞开衣襟、戴围巾和头巾、穿裙子、系领带等；

（4）操作带有旋转零部件的设备时戴手套；

（5）检修操作酸碱设备时未带好防护用品；

（6）女工进入生产现场时，未将发辫盘好并放入发网中；

（7）在有颗粒、金属碎屑飞溅的场合，未佩戴护目镜；

（8）焊接作业时，未使用专业的焊接用护目镜；

（9）进入生产、检修现场，未戴安全帽或未系下颚带；

（10）进入容器、设备内作业，未佩戴或错误佩戴规定的防护用具；

（11）在易燃、易爆、明火、高温作业场所穿化纤服；

（12）高处作业未系安全带，或将安全带低挂高用。

正常作业过程中的不正确穿戴防护用品的现象还有很多很多。对于可能存在的不正确的防护行为，无论任何时候、任何地点发现任何人有不正确的防护行为，我们都要及时制止，不要等到事故发生，才追悔莫及。

案例

2013年8月23日，在某化工企业内，发生了一起因错误防护造成的安全事故。当日，周某如往常一样来到公司工作，其在负责的2号釜物料反应完毕后，便来到楼下打开釜底阀准备转料。按照公司操作规程，转料时需要佩戴防毒全面罩，但周某心想就打开一个釜底开关，而且这么多年一直没有出过问题，觉得没有必要浪费时间再去佩戴防毒全面罩，于是便抱着侥幸心理，仅戴着半面罩进行转料操作。不料当他抬头转动釜底阀门时，阀门发生轻微泄漏，一滴物料滴入了周某的右眼，虽然周某立即使用洗眼器进行冲洗，但仍因为物料腐蚀性太大，造成周某的右眼永久性失明。

通过以上案例我们可以看到，防护用品并非通用的，而是根据不同的危险环境、不同的防护等级有着不一样的区分。

二、纠正错误防护行为的应对措施

企业在一开始识别危险源、定义防护策略时，应该当按照相关的标准准确地制定，并要求员工按照既定的标准执行。整个过程不得有闪失，否则便会酿成大祸。企业虽然规定了员工上岗穿戴劳保用品的制度，也为职工配备了必要的劳保用品，但最终要发挥作用，需要员工规范使用，坚决改掉不良习惯，从思想上接受，自觉地规范穿戴。要实现这个目标，企业重点可以从以下三个方面着手：

一是着重从教育入手，强化员工劳动保护的思想意识。随着企业对安全生产越来越重视，很多企业在员工作业时对于劳保用品的穿戴都有着明确的规范和要求。但仍然有一些员工嫌麻烦，马虎应对，穿戴不规范，造成了很多不必要的事故发生。对此，企业要举行定期的安全教育活动，在活动中举一些由于未规范穿戴劳保用品而引发安全事故的案例来教育职工，对思想不通的员工进行单独谈话，做好他们的思想工作，引起他们的警醒；还可以通过对正确防护作业的要求，进行针对性考试，如果分数达不到要求，则不许上岗。

二是加强管理，经常到岗位检查。通过督促员工劳保用品正确穿戴，并且对违反安全管理规定的人员给予严厉处罚，以达到加强管理的作用。通过加强管理，企业将使员工安全意识进一步提高，最终养成主动规范穿戴劳保用品的良好习惯。

三是完善岗位操作培训，将安全深入到日常工作中。在企业的作业标准操作流程里，包含所需要的劳保用品且定义清晰。在使用操作流程对员工进行岗前培训时，把如何正确穿戴劳保用品作为工作中的一部分进行讲解，让员工从一开始就意识到安全是工作中的一部分。班组长需要特别注意，在操作流程有更新时，识别是否需要更新安全防护用品。

案例

3月12日16时20分，福保街道办事处辖区益田路某花园二期27栋发生一起高空坠落事故，造成1人死亡。经调查，3月12日16时许，工人马某在某花园二期27栋27楼高空室外拆装空调时，在身上佩戴了安全带但未扣挂安全绳的情况下翻出窗外行走，其间不慎发生跌落。送往医院后，马某经抢救无效死亡。

从以上事故中我们还可以看到，哪怕是因为作业前进行了正确的防护用品穿戴，但是在作业中，因为某种情况未能正确防护时，仍然会造成事故。因此，班组长在发现不正确的防护及操作时，一定要及时制止和纠正，确保员工在正确穿戴、按要求使用防护器具和规范操作机器的情况下，才能进行作业。同时，要将这一理念灌输到每一个员工头脑里，这样才能让防护用品真正发挥作用，保护员工不受伤害。

改善作业环境

作业环境是指劳动者从事生产劳动的场所各种构成要素的总和，包括生产工艺、设备、材料、工具、操作空间、操作体位、操作程序、劳动组织、气象条件等。不论是室内作业还是室外作业，不论是地面作业还是高空作业，劳动者都面临各自的作业环境，如冶炼作业的高温，井下作业的高湿，铆接作业和凿岩作业的噪声和振动，破碎作业的粉尘，化学作业的有毒有害气体，某些作业的电磁辐射以及作业空间的照明、色彩等。班组长需要知道，差的作业环境能够直接或间接地对劳动者作业产生不同程度的影响，轻则降低工作效率，重则影响整个系统的运行，危害员工的人身安全和健康。

作业环境的主要影响因素有照明、色彩、噪声、振动、温度、湿度、空气成分、电磁辐射等。只有改善作业环境中存在的不良因素，让劳动者处在一个合适的、安全的作业环境里，才能保证劳动者的安全与健康，保证系统正常高效运行。

作业环境管理最基本的任务是使作业环境保持整洁有序，消除职业危害因素，防止危险发生，其管理的核心内容是改善作业条件。加强现场管理，改善作业环境，还能够减少事故发生。

工作环境中常见的对人体造成危害的三大类危害因素如下所示。

一、生产过程有害因素

1.化学性因素

生产性粉尘：矽尘、煤尘、有机粉尘等。作业人员长期在生产性粉尘超过国家规定的最高允许浓度条件下作业，加上其他因素的影响，就有可能发生尘肺病。粉尘中的主要化学危害因素为游离二氧化硅、硅酸盐等。

生产性毒物：生产性化学毒物可引起急、慢性职业中毒。作业人员可能接触到的生产性毒物有很多，常见的生产性毒物有：氮氧化物、硫化氢、一氧化碳等窒息性气体；氟、氯、溴、二氧化硫等刺激性气体；正己烷、苯、三氯乙烯、二氯乙烷等有机溶剂；铅、汞、砷等金属毒物和类金属毒物。

2.物理性因素

不良的气象条件：生产场所的气温、气湿、气流及热辐射构成了生产环境的气象条件。在强烈热辐射、高温、气湿等不良条件下作业，可能引起中暑。而在寒冷气候条件下工作，不仅可引起冻伤，还可增加感冒、气管炎和心血管病等的发病率。

电离辐射与非电离辐射：电磁辐射按其生物学作用的不同可分为电离辐射与非电离辐射。电离辐射是指引起物质原子电离的射线或微粒子，如α、β、γ射线和中子等，可引起生物分子结构的破坏。而非电离辐射引起的伤害是热（灼）效应，如紫外线、红外线、高频电磁场、无线电波电磁场等。高频和无线电波电磁场对人体的影响主要由电磁场能量所转化的热量对人体器官造成伤害。高频电磁场和短波电磁场主要是引起中枢神经失调，表现为神经衰弱的症候群。强烈的红外线、可见光和紫外线可引起职业性眼病。

噪声和振动：在生产过程中，噪声和振动通常同时存在。噪声对人体的危害是多方面的，主要损害听觉，可引起职业性耳聋。振动也影响人体健康，可以引起振动病，振动的频率和振幅大小是决定振动对人身健康危害大小的主要因素。噪声和振动还可引起中枢和植物神经系统机能紊乱，主要表现为头痛、头晕、失眠、注意力分散、反应迟钝等神经衰弱症状，常影响人们的工作能力和工作效率。

高气压与低气压：当人体从正常大气压状态进入气压降低或升高的状态时，由于人体内部压力与周围气压的压差变化，会引起人体生理系统功能的一系列变化，严重时可引起病变。

3.生物性因素

生产过程中的生物性危害因素主要是指在工作环境中接触到的一些生物或微生物等，包括各种细菌和病毒，如布氏杆菌、炭疽杆菌、森林脑炎病毒等。

二、劳动过程因素

（1）劳动组织和劳动休息制度不合理，如超过正常工作负荷的工作安排、长时间加班等。

（2）劳动过度精神(心理)紧张，如进行超过员工承受能力的工作，致使工作压力带来的精神（心理）高度紧张。

（3）劳动强度过大，劳动安排不当，不能合理安排与劳动者的生理状况相适应的作业，如安排超过员工身体负荷的工作，搬运过重物品等。

（4）劳动时个别器官或系统过度紧张，如视力紧张等。

（5）长时间用不良体位和姿势劳动或使用不合理的工具劳动，如使用设计不合理的工具，导致员工肌肉劳损等。

三、生产环境中的有害因素

（1）自然环境因素的作用，如炎热季节的太阳辐射。

（2）厂房建筑或布局不合理，如有毒与无毒的工段安排在同一车间。

（3）来自其他生产过程散发的有害因素的生产环境污染。

在了解常见的作业环境后，班组长可以根据自己企业的实际情况，对常见的有害环境和作业工种进行相应的作业环境改善。主要目的就是要让作业现场整洁有序，消除职业危害，提高工作效率，保障班组成员的安全。

可以进行的改善有以下方面：

（1）消除危险因素产生的根本原因，例如更换工具、更换原材料等。

案例

笔者曾工作过的一家企业，由于工艺需要，在生产时会用到有机涂料。使用完毕后，工人要对装载器皿进行清洁作业。有机涂料的清洗需要用有机溶剂。在作业环境改善之前，他们所使用的有机溶剂是丙酮，而丙酮是一种有毒的、其蒸气与空气混合后易发生爆炸的危险化学品。后经班组长提出，并由相关安全环境领导评估后，工厂更换了一种叫作HT-1的新化学溶剂来代替丙酮。该化学溶剂不仅满足低毒性、不可燃的要求，而且价格更加低廉，在消除了危险因素的同时，还带来了成本的节约。

通过以上真实的案例，我们可以看到，通过替换更加安全的原材料，我们能从根本上消除危险因素。

（2）穿戴专业的防护用品，以杜绝与危险因素的直接接触。

例如，高空作业需要系安全绳和安全带；在有辐射的地方工作时，需要穿好防辐射服；面对高温风险，需要穿戴防烫手套或衣物等。在作业环境中的危险因素还没有消除或无法消除时，我们可通过正确穿戴专业防护用品，达到与危险因素隔绝的目的，保护在不良作业环境中工作的班组成员。

（3）增加标识，随时提醒班组成员作业环境中存在的危险。

案例

某工厂有一个地下密闭通道，通道内敷设有用于生产工艺用水的冷却循环管道，该通道仅能容纳一人出入。当初设计完成时考虑到一般不会有人进入，通道内便没有设通风装置，形成了一个密闭的环境。后来的车间改造将该地下密闭通道废弃了。刚废弃时，通道内设有明显的不得进入的标识，但随着时间的推移，标识已经不见踪影，后来也没有人重新贴上标识。

在一次检修中，一名刚来工厂不久的员工误入该密闭通道。不一会儿，他便因缺氧而昏迷，还好被人及时发现，送到医院抢救。虽然最后保住了性命，但他的大脑组织却受到了不可逆的伤害。

对作业环境中的危险因素设置警示标志，虽不能直接改善作业环境，却可以提醒和告知班组成员相应的危险源。视觉的冲击能够让员工知道该处有不安全的因素，辅以相应的培训和管理，就能达到保障班组成员人身安全的目的。

企业内的标识不仅可以通过设立标识牌用以警示，还可以在不同的区域设置不同的颜色以进行区分。根据不同区域需要注意危险源的不同，我们可用不同的色彩进行标识。

班组长需要在日常管理工作中，通过本书介绍的GEMBA、5S活动及检查不安全环境的方法，发现本企业存在的不良环境因素，通过上述讲述的消除、隔离和警示危险因素的三个方法，来改善班组成员现有的作业环境，让员工能够在更安全的工作环境中安全有效地工作。

做好职业健康检查

职业健康又被称为职业卫生或工业卫生。职业健康工作是为了保护职工在生产劳动过程中免受职业危害，首要任务是识别和控制不良的作业环境，强化对员工的职业健康检查和保护措施，从而保护劳动者的健康与安全。

用人单位负责人必须承诺遵守国家有关职业病防治的法律、法规，对本单位产生的职业病危害承担责任，要设立职业病防治机构，定期召开职业病防治工作会议，研究落实职业病防治工作。

为实现职业卫生的有效管控，企业应建立本单位职业卫生管理体系。职业卫生管理体系包括：建立职业卫生管理组织机构，制定职业卫生管理制度和操作规程，定期进行职业病危害因素检测与评价，开展职业卫生培训，设置职业病危害警示标识及警示说明，组织劳动者进行职业健康检查，做好个人卫生防护工作，履行告知义务等。

一个好的职业卫生体系应当具备以下八点：

1.建立职业卫生管理组织机构

企业职业卫生管理组织机构应指定一名责任人负责职业卫生管理工作，并要落实专职或兼职人员负责日常管理的具体工作。一般企业应建立一个安全委员会组织，总管职业健康、生产安全、消防安全等。

2.制定职业卫生管理制度和操作规程

制定职业卫生管理制度和操作规程，包括化学品管理制度、个人职业病防护用品管理制度、职业卫生培训制度、职业病危害告知制度、职业卫生档案管理制度、职业健康检查管理制度、职业病危害因素检测制度、职业病危害事故应急救援预案、疑似职业病和职业病的诊治与报告制度、职业卫生经费管理制度等，以及各种职业病防护设施的操作规程、生产劳动操作规程等。

3.定期进行职业病危害因素检测与评价

对工作场所进行职业病危害因素检测与评价，可以知道存在的职业病危害因素的浓度或强度是否超过国家职业接触限值。如果超过国家职业接触限值，企业应及时查找原因，并采取有效防护措施加以控制，避免发生职业病危害事故。同时，职业病危害因素检测与评价工作应委托取得省级以上卫生行政部门资格认证的职业卫生技术服务机构进行。

4.开展职业卫生培训

职业卫生培训对预防职业病危害是必不可少的重要措施。因此，《中华人民共和国职业病防治法》规定，用人单位应当履行对新入职工人和在岗工人进行职业卫生知识培训的义务。只有让劳动者了解工作岗位存在的职业病危害因素，掌握如何预防与控制的知识后，劳动者才能够提高自我保护意识。

5.设置职业病危害警示标识及警示说明

在工作场所设置职业病危害警示标识和警示说明。警示标识包括图形标识、警示线、警示语句和文字。图形、警示语句和文字设置在工作场所入口处或工作场所的显著位置。警示线可喷涂在地面或制成色带。警示说明应包括职业病危害的种类、后果、预防及急救措施等内容。

6.组织劳动者进行职业健康检查

企业要对新入职工人和在岗工人进行职业健康检查。职业健康检查包括上岗前检查、在岗期间检查和离岗时的职业健康检查等，并将检查结果书面告知劳动者。这样，企业可以了解和掌握劳动者的健康状况，及早发现职业禁忌证的人员和及早发现化学毒物对劳动者健康的损害，通过调换患有职业禁忌证的人员的工作岗位和治理工作场所存在的职业危害，避免发生职业中毒事故。

7.做好个人卫生防护工作

工作场所存在的职业病危害因素，应尽可能通过采取有效的防护设施来控制，如采取先进的自动化、密闭化作业技术，安装有效的通风排毒系统，采取个人防护措施，为接触不同职业病危害因素的劳动者配备不同的个人职业病防护用品等。

8.履行告知义务

用人单位掌握生产工艺、流程、技术，掌握与生产有关的作业环境、原材料、设备等信息与知识，掌握职业病防护知识和应该采取的防护措施，而劳动者对有关知识了解甚少，因此，《中华人民共和国职业病防治法》规定用人单位必须履行职业卫生告知义务。

2013年12月30日修订的《职业病分类和目录》将职业病分为10类132种。同时，以办公室白领为侵害对象的“新型职业病”（见图4-9），包括腰颈椎疾病、内分泌疾病、疲劳综合征等，虽然现在还没有列入法定范围，但更为普遍，需引起重视。

图4-9 办公室“新型职业病”

如今，手机给人们带来了很多便利，但手机正时时刻刻威胁着我们的健康。如果把手机看作是一个工作岗位，那么很多人都已经患上了职业病。人们长时间地低头看手机，导致颈椎问题；长时间躺着玩手机，导致视力问题。手机确实是大家离不开的一个工具，但是我们在使用手机时也要注意使用时间和使用姿势，不要等对自己的身体造成不可挽回的伤害时才后悔莫及。

我们需要不断增强职业健康意识，无论在工作还是生活中，这样才能够主动地进行自我保护。

职业病的预防和管理

职业病是指，企业、事业单位和个体经济组织等用人单位的劳动者在职业活动中，因接触粉尘、放射性物质和其他有毒、有害因素而引起的疾病。职业病的分类和目录由国务院卫生行政部门会同国务院安全生产监督管理部门、劳动保障行政部门制定、调整并公布。

随着科技的进步，我们看到了高楼大厦，有了方便快捷的交通，生活中还出现了越来越多我们以前根本没有听说过的化学制品。我们的物质生活变得越来越丰富，但是与此同时，我们接触到的有害有毒物品也在逐渐增多。

案例

历史上曾有一个赫赫有名的帝国——罗马帝国。公元1至2世纪是罗马帝国的盛世，古罗马人建立起了跨越欧洲、亚洲、非洲的强大帝国，首都罗马城被称为“永恒之城”。他们创造了灿烂的罗马文化，罗马军团曾是世界上最强大的军队之一。

但是，罗马帝国迅速衰败，庞大的军团不堪一击，“永恒之城”轰然倒塌。这其中固然有政治、经济、军事方面的因素，但同时，铅中毒也是打垮罗马人的重要原因之一。

古罗马人发达的冶金技术以及对使用金属铅的偏爱为罗马帝国的衰败种下了可怕的种子。他们把金属铅广泛应用于建筑、军事、装饰上。除此之外，铅还被当作贵重金属，出现在古罗马贵族生活的各个方面。铅开始被大量用以制作各种玩具、铸像、戒指、钱币、化妆品、药品和颜料。各种餐具、厨具或器皿也大量使用铅质材料。

公元前的两个世纪，随着希腊先进酿酒技术及烹饪技术的引入，铅质的酒器成为罗马贵族阶层的日用器具。古希腊人和古罗马人使用的葡萄糖浆是用葡萄汁制成的，制作葡萄糖浆必须将葡萄放在铅锅中熬煮。为防止烧焦，他们必须一次又一次地不断加热和翻炒，这样就大大增加了糖浆中的铅含量。此类糖浆中的铅含量高达240~1000毫克/升，而一茶匙约5毫升的糖浆就足以引起慢性铅中毒。

当葡萄汁太酸时，他们就加入铅丹以减少其酸味。葡萄糖浆一般贮存在浓缩到1/3的雨水中，由于雨水是从铅质屋顶收集并贮存入铅桶中的，经长时期的煮沸浓缩，水中的铅含量相对更高。最后，这样一杯融合了铅和各种杂质的葡萄酒被倒入含铅的酒器中，被纵情于醉酒的罗马人饮下。

铅毒在古罗马文明中扮演着杀人于无形的狠角色，上至王公贵族，下至平民百姓，大家都无法逃脱厄运。

在古罗马，就连供应城市生活用水的送水渡槽也由陶器和铅管组成。据历史记载，仅建造里昂的一个泵站，就用掉了1.2万吨铅。古罗马人引以为豪的文明生活全部笼罩在了铅的阴影下。这些管道虽然极大地方便了古罗马人的日常生活，但溶解于水里的金属铅微粒，被古罗马人喝进了身体。日复一日，年复一年，富集于人体的骨髓和造血细胞里，特别是孕妇通过胎盘把金属铅离子输送于胎儿的血液之中，极大地毒害了罗马人一代又一代人，损坏了他们的脑细胞，破坏了他们的骨髓，损坏了他们的生殖能力，侵蚀了他们用斯巴达人方式练就的强健肌体。智力下降与身体羸弱，使他们成为“地中海病夫”。

在公元前30年到公元220年期间，30位统治罗马帝国的皇帝和皇位篡夺者中，有19位皇帝嗜好严重铅污染的菜肴和酒混合物。蓄积在罗马人体内的铅毒在下一代人中充分发挥了杀伤力。

古罗马特洛伊贵族35名结婚的王公有半数不育。其余人虽能生育，但所生的孩子几乎个个都是低能儿或痴呆儿。古罗马贵族的平均年龄只有25岁。铅毒使古罗马上层阶级的人数不断减少，贵族子弟的文化和身体素质也越来越差。古罗马帝国最终走向分裂灭亡。

1969年，一支考古队在英国南部赛伦塞斯特挖掘出一座公元4世纪末5世纪初的古罗马墓群。不同于以往的罗马古墓发掘，这里有一个惊人的现象。墓群里分布着450具骸骨，大部分骸骨上都附着形迹可怖的黑斑，这是沉积于骨骼中的铅与尸体腐烂时产生的硫化氢反应生成的硫化铅黑斑。经过化学测定，这些尸骨的含铅量是正常人的80倍之多。

以上是古罗马人与铅的故事。另外，在早期，当还未能认识到放射性物质镭的危害时，人们将镭用于制作化妆品、夜光表等，很多人在没有任何保护措施的情况下直接接触镭，同样给当时的人们带来了许多伤害。

可见，如果我们不能很好地辨识有毒有害物质，且不能采取很好的防护措施避免接触这些物质的话，这些有害物质将对个人乃至整个组织带来巨大的伤害。

随着科技技术的发展，我们现在对有毒有害物质有了先进的探测措施和规范的控制措施，这对我们的安全生产具有非常重要的指导意义。我们运用不同的标志来表示不同的有害物，图4-10是一些常见的危害物质的标识。

图4-10 常见的危害物质的标识

生产过程中由于工艺过程产生的化学、物理、生物因素及劳动过程的有害因素、生产环境中的有害因素等无时无刻不在产生危险，随时威胁着员工的生命健康安全。为了防止这些危险因素对员工造成职业病的危害，我们可以做到以下三点，以防止职业病的发生。

一、对生产有害物质过程的防护措施

首先，用无毒或低毒的物质代替有毒或高毒的物质，是防止职业病发生的根本措施。其次，生产过程实现机械化、自动化、管道化，可以减少人们接触有毒有害物质的机会。我们可以将有害区域与无害区域分开，对有害气体、粉尘的散发源进行密闭、隔离，尽量把有害物质控制在安全范围内。最后，通过工业通风，及时排除有害物质，降低有害物的浓度，避免给员工带来伤害。

二、职业卫生管理措施

首先，开展宣传教育工作，提高全体员工的职业病防治意识。这些工作需要一线班组长积极配合，不仅仅要宣传，还需要用实际行动带头去发现隐患，纠正不正确的操作和防护措施。其次，要加强生产设备的维修管理，防止毒物跑气、冒水、滴油、漏液，制定并严格遵守安全卫生操作规程，防止发生意外。最后，需要定期检查空气中的有毒物质浓度，如有条件应实时监控，有问题需要及时解决。

三、针对员工的措施

正确佩戴必要的防护用品，养成良好的卫生习惯，合理安排作息时间，注意均衡营养，增强机体的抵抗能力。保持良好的心态，不要有太多压力，不要过度紧张和长期熬夜。适当锻炼身体，保持健康的体魄。对于接触有毒有害物质的作业人员要定期进行职业病体检，及时发现、尽早预防职业病的发生。一经发现有人患职业病，需要立即将其调离岗位。该工作应有专门的环境安全管理人完成，并将职业病员工每次的体检结果以及调岗情况通知企业最高管理者。

职业病防治工作关系到员工的身体健康和生命安全，关系到企业的经济发展。职业病侵犯的人群和行业，早已不再是过去普遍认为的工业人群和工业产业，而是向科技行业、现代服务业等领域蔓延。在企业认真履行职业病防治责任和义务的同时，劳动者也要增强职业健康意识，主动地进行自我保护，才能够远离职业病的伤害。

05

第五章

学会预防技巧，筑牢安全屏障

事故发生了之后，我们很难挽回已经造成的损失。因此，班组长每时每刻都要提醒周围的人要有防范意识，学会必要的预防技巧，筑牢安全屏障。

培养事故防范意识

班组的日常工作中存在着各种各样的危险，发生了事故之后，只能亡羊补牢，很难挽回已经造成的损失。班组长可以通过以下三点，培养班组成员的事故防范意识。

一、危险预知训练

危险预知是指对潜在危险的预先掌握，这是一种保证作业安全的能力。日本住友金属工业公司发明了一种名为KYT（危险预知训练）方法，这种方法能够让班组成员远离危险。

KYT起源于日本住友金属工业公司，后经三菱重工业公司和长崎造船厂发起的“全员参加的安全运动”，经日本中央劳动灾害防止协会的推广，最终形成技术方法，被誉为“零灾害”的支柱。

经过长期实践，结合班组作业特点，作业过程中开展KYT活动一般遵循9个步骤：

（1）班组长针对当班生产任务划分作业小组，指派工作能力强的人担任作业小组长；

（2）作业小组长组织作业人员，持KYT卡片到作业现场开展KYT活动；

（3）作业小组长向作业人员介绍工作任务及程序，调动作业小组的参与人员，针对工作内容及程序，查找或预测可能存在的危险因素；

（4）作业小组参与人员应结合各自工作内容，有针对性地查找危险因素，并提出相应的防范措施；

（5）小组长将收集到的危险因素及对应措施的信息，整理记录在KYT活动卡片上，再次对所有作业小组参与人员进行一次复述，待所有人员认同后，进行签字确认；

（6）最后，作业小组负责人确认后开始作业，作业完毕后，应在当天将卡片交班组长检查认可，同时班组长应到现场进行检查验收；

（7）作业参与人员在指出危险因素时，要充分利用身体语言对危险因素加以描述，以强化对危险形态的直观认识；

（8）作业过程中要持续运用“手指触动提示”和“触动报警”，保持现场作业人员对危险的警觉；

（9）小组参与人员针对危险因素提出的相关防范措施，现场能立即整改的应在整改完毕后开始作业。

表5-1所示的为KYT活动表的范例。

表5-1 KYT活动表

作业地点		作业时间								
作业人员		负责人								
作业内容	危险因素描述	类别					重要性			对策
		人	机	料	法	环	其他	重要	一般	
确认人：__________						班组长：__________				

针对KYT的具体实施，需要遵循4R法（见表5-2）。

表5-2 KYT的具体实施步骤

行为表现	4R法	步骤	KYT	实施点
观察	1R	掌握现状	存在什么潜在危险	基本现场的现物
考虑	2R	追求根本	危险的关键点	不遗漏任何危险部位
评价	3R	制定对策	要是你的话怎么做	可实施的具体对策
决定	4R	目标设定	我们应当这么做	解决问题

第一步：掌握现状（1R），要以基本现场的现物为中心，让大家轮流分析，找出潜在的危险因素，并预测可能出现的后果。

第二步：追求根本（2R），在所发现的危险因素中，找出1～3个主要危险因素。

第三步：制定对策（3R），针对主要危险因素，让每个人制定出具体的可实施的对策，并将所列举的对策合并为1～2项最可行的对策。每位成员都必须提出具有可操作性、能消除危险因素的对策。

第四步：目标设定（4R），在所有对策中，选出最优化的重点安全实施项目并将其设定为小组行动目标，所有成员确认小组行动目标后开展行动。

危险的预知训练，主要目的是发现危险因素，制定预防措施。为了更有效地将危险因素永远“拒之门外”，在班组完成了一次KYT活动后，需要通过如图5-1所示的PDCA法（计划—实施—检查—改进），将已被发现的问题进行很好地管理和控制。

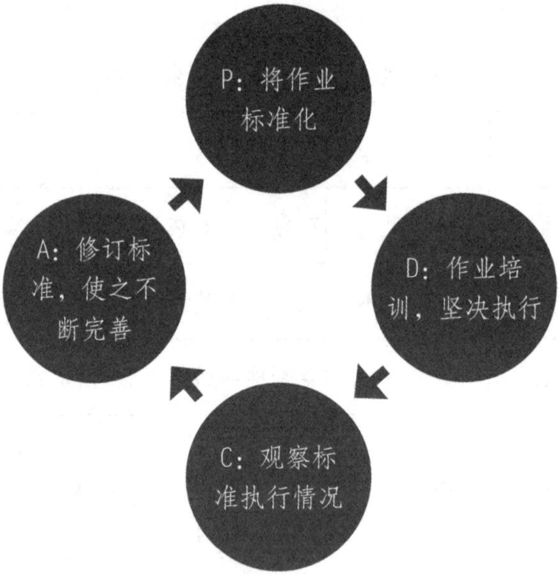

图5-1 PDCA法

班组危险预知活动是企业班组安全建设的一个方法。如果能够定期进行该项活动，让班组成员认真参与其中，通过对危险因素进行“观察—考虑—评价—决定”的实施，必定能够消灭生产活动中的安全隐患，同时增强班组成员的防范意识。

二、强化预防理念

班组长要有一个理念：一切事故都是可以预防的。根据海因里希法则，当一个企业有300起隐患或违章时，很可能要发生29起轻伤或故障，还会发生一起重伤、死亡事故。该法则告诉我们，事故的发生看似偶然，其实是各种因素积累到一定程度的必然结果。任何重大事故的发生都是经过萌芽、发展到发生的一个过程。如果每个隐患和违章都能受到重视，那么事故是可以避免的。

海因里希曾经调查过7500件工伤事故，发现其中有98%的事故是可以预防的。在可预防的工伤事故中，因人的不安全行为导致事故的占98.8%，而因设备、物质的不安全状态导致事故的只占1.2%。可见，人的不安全行为对事故发生起主导作用。所以，班组长作为班组安全管理的责任人，有义务去强化班组成员的预防理念。

案例

2012年，我负责新建一个仓库，同时新购了约120个2米×1.6米的铁质货架，每个重约100千克。供应商将货架送到我们企业时，我发现供应商并没有考虑到如何安全地卸载货架，只是找了三个工人，要求他们完成卸货这项工作罢了。在听完他们给我描述的卸货作业流程后，我立即叫停了他们的工作。他们没有采取任何安全措施，准备就靠着人力从1.4米高的货车车厢卸下120个货架。当我不允许他们这样做时，他们一开始还有敌对情绪，后来经过协商，我为他们准备了防滑手套、防砸鞋，同时拉来了一辆搬运小车，让货车司机将车重新开到安全卸货区。在高处系上安全带之后，他们才开始了卸货作业。作业完成以后，工作人员毫发无损。

班组长一定要有事故防范的意识，且可以通过以下两点强化班组成员的事故防范意识：

第一，正确认识安全管理。无论在什么情况下，人的生命都是最宝贵的。安全管理的最终目的是减少事故的发生。抓生产首先得抓安全，在生产任务和安全发生冲突时，一定要选择安全，员工的安全是企业运营的基础。

第二，树立新的安全生产观念，提高自身安全管理水平。班组长要统一班组安全理念，提高班组的安全意识，树立起新时期满足新需要的安全生产观念。所有的事故都是可以预防的，这就是新安全观最重要的内容。有了这一理论做武器，我们才能超越事后的、被动的传统“事故追究型”管理，进入超前的、系统的“事故预防型”管理阶段，从而实现本质安全。

三、渗透事故防范意识

安全的重要性大家都明白，但在实际操作中，很多人仍然只是停留在喊口号阶段，并未真正把安全落到实处。也正因为如此，所以才有那么多安全事故的发生。

“安全第一，预防为主”不仅仅是一句简单的口号，而是班组安全生产必须坚持的指导方针。“安全”是班组生存和发展的第一要素，而“预防为主”则提示大家要提高事故的防范意识。事故频频发生的根本原因是一些管理人员和操作人员缺乏安全防范意识，忽略了平日的安全工作。

案例

大峰矿地处宁夏石嘴山市大武口区，属神华集团煤炭生产企业，设计生产能力90万吨/年。2005年5月停止羊齿采区井工生产，后经设计、审查，改井工开采为露天复采，广东宏大爆破股份有限公司中标承担羊齿采区上部水平硐室大爆破工程设计及施工业务。2008年10月16日，在2135水平采用台阶式深孔二次爆破时，发生波及方圆850米范围的伤亡事故。

后经调查发现，该事故暴露出了四个问题：

一是在爆破作业中，爆破公司违反《煤矿安全规程》相关规定，深孔松动爆破岩石时，安全警戒距离小于200米，直接造成200米范围内的4人当场死亡。

二是火工品管理混乱，大峰矿有炸药库，承包方广东宏大爆破股份有限公司也有炸药库，大峰矿对其发放炸药量领取自由，无退库记录。事发前，广东宏大爆矿股份有限公司曾经一次领取雷管4500发，只使用几百发，有大量雷管炸药未退回矿方炸药库。

三是采取的硐室加强松动爆破作业技术上存在问题。

四是甲乙双方工程承包机制不健全，甲方对乙方的施工安全监督管理不到位。

这本是一次可以避免的惨剧。如果甲乙双方有较强的事故防范意识，加强作业安全监管，加强爆破工程作业设计以及炸药、雷管等火工品的管理，就不会造成这次惨剧。

要做到防患于未然，必须具备超前的事故防范意识，班组长需要引导班组成员在工作时“想在前，做在前”。安全防范意识的培养是一个长期的过程，我们要有长远的计划，要持之以恒，不半途而废。班组长和班组成员在平时的生产中要不断地实践和学习，建立起长效的防范机制，不断提高事故防范意识，从而坚实班组安全基础，保障班组安全。

电气事故预防

在现代化的生产中，电可以说无处不在。电是一把双刃剑，一方面，它既能让我们的设备飞速运转，提高生产效率；另一方面，电如果使用不当，会对员工的生命造成威胁。

案例

在一个炎热的夏天，小李正在处理一个已经停机三天的设备。因为天气炎热，车间的空气流动性不是很好，让人异常躁动。终于接好线完成维修那一刻，小李长舒了一口气，他抹抹头上的汗珠，准备去合闸。刚合上闸的瞬间，突然出现了一道电弧，传出震耳欲聋的响声，小李吓得往后一退，一屁股瘫坐在地。其他同事听到声音后，都跑了过来，好在小李没有受到严重的伤害。此后，他们在进行合闸操作时，都会穿上专业的防电弧服。并且，一定是两个人一起进行合闸。在进行操作时，一人操作，一人在安全距离以外进行观察。这些要求在后来写到了企业的标准操作书里，成为标准操作流程。

电气事故主要包括触电事故、电气火灾、爆炸、静电事故、电磁场危害等电气线路和设备故障而造成的事故。由于物体带电没有明显的表现性，很难被人察觉，其危险指数就会显著增大。

在我们身边，不管是生产制造还是日常生活，触电事故时有发生。有可能因为员工一边聊天一边操作的时候，触摸到裸露在外的电气危险源而造成，也可能对自己操作技术过度自信，从而不按照操作流程操作，导致触电。若能够掌握电气知识的规律，采取相应的安全措施，触电事故是完全可以避免的。

防电弧服如图5-2所示。

图5-2 防电弧服

对电气事故的预防，有以下7点：

1.采用安全电压

采用由特定电源供电的电压系列，可以防止触电事故。两导体间或任一导体与地之间均不得超过交流有效值50伏。国家标准规定，安全电压额定值的等级为42伏、36伏、24伏、12伏、6伏。当电气设备采用了超过24伏的电压时，就要采取防止触电的防护措施，比如提高电气设备的可靠性或者采用漏电保护措施。

手提式照明灯、携带式电动工具，应该采用36伏安全电压。在狭窄或者行动不便的工作地点作业，以及周围有大面积接触导体的环境，如金属容器内、隧道内等，应该使用12伏的手提式照明灯。采用安全电压后，在安全电流内的电流就算流过人体，也不会发生伤亡事故，从而可以保证操作者的人身安全。

2.保证电气设备的可靠性

电气设备的可靠性主要是指其绝缘性能。使用不导电的材料将机器与操作者隔离开来，可以确保人员不会接触导体从而避免触电。一般使用的绝缘材料有橡胶、胶木、塑料、云母、布纸、矿物油等。操作工在操作带电设备时一般会穿绝缘衣、绝缘的靴子及橡胶手套。但是，如果绝缘体老化、电压过高等原因造成的击穿会破坏绝缘层，从而使得机器及操作工都处于危险之中。因此，电气设备的绝缘程度必须满足一定的要求。此外，使用绝缘电阻把电气设备的泄漏电流限制在很小的范围内，可以防止漏电事故。不同电压等级的电气设备有不同的绝缘电阻要求，要定期进行检测。

3.采用屏护

用护盖、箱体、遮拦、护罩等把带电体与外界隔绝开来（如图5-3所示），给设备安装防护罩，这是一种常见的防止触电的方法。

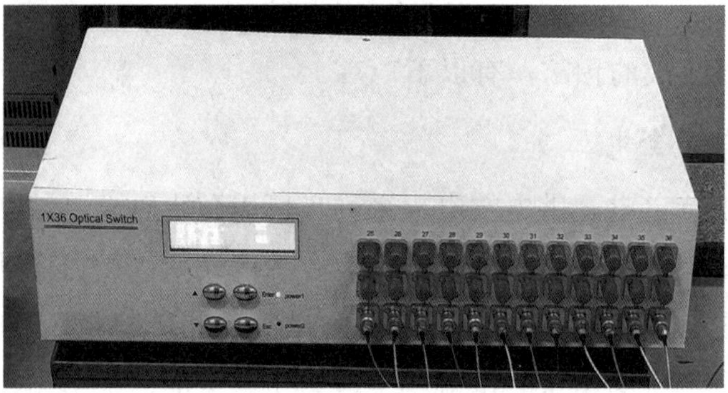

图5-3 防止触电的方法之安装防护罩

4.保证安全距离

带电体与带电体之间、带电体与地面之间、带电体与人体之间、带电体与其他设备之间，应保持一定的安全距离。安全距离的远近，是由电压的高低、设备的类型及安装方式等因素决定的。

5.合理选用电气装置

如在干燥少尘的环境中，可采用开启式或封闭式电气装置；而在潮湿和多尘的环境中，应采用封闭式电气装置；在有腐蚀性气体的环境中，必须采用封闭式电气装置；在有易燃易爆危险的环境中，必须采用防爆式电气装置等。要根据周围环境的需要，选择合适的电气装置。

6.采用漏电保护装置

采用漏电保护装置可以防止由于漏电而引发触电、火灾，还可以监视、切除电源一相接地故障。

7.保护接地和接零

保护接地：具体做法是把用电设备的金属与接地体连接起来，在电源为三相三线制中性点不直接接地或单相制电力系统中，应设保护接地线。接地电阻值越小，越能把带电体的对地电压控制在安全电压范围内。但在电源为三相四线制变压器制中性点直接接地的电力系统中，不可单纯采取保护接地措施。

保护接零：在正常情况下，把电气设备不带电的金属部分与电网的零线紧密地连接起来。在电源为三相四线制变压器中性点直接接地的电力系统中，应采用保护接零。因为在中性点直接接地的系统中，一旦设备漏电，触及设备的人体将承受220伏的电压，这是很危险的。采用保护接零这一安全措施，就可以消除这一危险。

接地装置广泛地选用自然接地极，当需要提高系统接地性能时，应采用人工接地极。自然接地电阻不得超过4欧姆，电阻超过4欧姆时，则可采用与大地有可能连接的建筑物的金属结构，或敷设于地下的水管路等，以此作为自然接地极，严禁将地下氧气管道、乙炔管道或易燃易爆气体管道作为自然接地极。

机械事故预防

企业里一般都有许多设备，班组成员在进行日常作业时，更是时时刻刻与机器设备接触，这其中存在的机械伤害风险应当引起班组长的重视。对于企业中可能发生的机械事故，可以通过一些技术手段进行避免。

一、采用本质安全技术

本质安全技术是指通过机械的设计者，在设计阶段采取措施来消除机械危险的一种机械安全方法。

（1）避免锐边、尖角和凸出部分。在不影响使用功能的前提下，机械设备及其零部件应尽量避免设计成带有可能引起损伤的锐边、尖角，表面避免粗糙、凸凹不平。金属薄皮的棱边应倒钝、拆边或修圆，可能引起刮伤的开口端应包覆。

图5-4所示是笔者工作过的一个企业的员工“作战室”里的桌椅。

图5-4 员工“作战室”里的桌椅

可以看到，这个会议室里的桌子采用的并不是矩形台面，而是选择了类似椭圆形的台面，这样就完全避免了桌面尖角伤人的风险。当然，他们不仅仅只针对办公室这样做，还将生产现场所有有尖角的地方装了海绵，以消除尖锐、突出部分撞伤员工的风险。

（2）保持安全距离的原则。防止人体触及危险部位或进入危险区，是减少或消除机械风险的一种方法。在规定安全距离时，必须考虑使用机器时可能出现的各种状态、有关人体的测量数据、技术和应用等因素。

（3）限制有关因素的物理量。在不影响使用功能的情况下，根据各类机械的不同特点，限制某些可能引起危险的物理量值来减小危险。例如，将操纵力限制到最低值，使操作件不会因破坏而产生机械危险；限制运动件的质量或速度，以减少运动件的动能；限制噪声和振动等。

（4）使用本质安全工艺过程和动力源。对预定在爆炸环境中使用的机器，应采用全气动或全液压控制系统、操纵机构或“本质安全”电气装置，也可采用电压低于安全阈值的电源，以及在机器的液压装置中使用阻燃和无毒液体。

二、限制机械应力

机械选用材料的性能数据、设计规程、计算方法和试验规则，都应该符合机械设计与制造的专业标准或规范要求，使零件的机械应力不超过允许使用值，防止由于零件应力过大而被破坏或失效，避免故障或事故的发生；同时，通过控制连接、受力和运动状态来限制应力。

三、材料和物质的安全性

用以制造机器的材料、燃料和加工材料不得危及操作人员的安全或健康。

四、遵循人机工程学[①]原则

在机械设计中，合理分配人机功能、适应人体特性、人机界面设计、作业空间的布置等方面，遵循人机工程学原则，提高机器的操作性能和可靠性，能够使操作者的体力消耗和心理压力尽量降到最低，从而减少操作差错。

符合人机工程学的机械设计，能够让班组成员处于良好的作业环境中，在保证工作效率的同时，让班组成员处于轻松的工作状态。

五、设计控制系统的安全原则

机械在使用过程中，典型的危险有意外启动、速度变化失控、运动不能停止、运动机器零件或工件飞出、安全装置的功能受阻等。控制系统的设计应考虑各种作业的操作模式或采用故障显示装置，使操作者可以安全地进行干预，并遵循以下原则和方法：

（1）机构启动级变速的实现方式。机构的启动或加速运动应通过施加或增大电压、流体压力去实现，若采用二进制逻辑元件，应通过由“0”状态到“1”状态的变化去实现；相反，停机或降速应通过去除或降低电压、流体压力去实现，若采用二进制逻辑元件，应通过由“1”状态到“0”的状态变化去实现。

（2）重新启动的原则。动力中断后重新接通时，如果机器自发启动会产生危险，应采取措施，使动力重新接通时机器不会自行启动，只有再次操作启动装置，机器才能运转。

（3）零部件的可靠性。这应作为安全功能完备性的基础，使用

[①]人机工程学是一门多学科的交叉学科，研究的核心问题是不同的作业中人、机器及环境三者间的协调，目的则是通过各学科知识的应用来指导工作器具、工作方式和工作环境的设计和改造，使得作业在效率、安全、健康、舒适等几个方面的特性得以提高。

的零部件应能承受在预定条件下的各种干扰和应力，不会因失效而使机器产生危险的动作。

（4）定向失效模式。这是指部件或系统主要失效模式是预先已知的，而且只要总是这些部件或系统失效，就可以事先针对其失效模式采用相应的预防措施。

（5）关键件的加倍（或冗余）。控制系统的关键零部件可以通过备份的方法，即当一个零部件失效时，用备份件替换以实现预定功能。与自动监控相结合时，自动监控应采用不同的设计工艺，以避免共因失效（指在一个系统中由于某种共同原因而引起两个或两个以上单元的同时失效）。

（6）自动监控。自动监控的功能是保证当部件或元件执行其功能的能力减弱或加工条件变化而产生危险时，以下安全措施开始起作用：停止危险过程，防止故障停机后自行再启动，触发报警器。

（7）可重编程序控制系统中安全功能的保护程序。在关键的安全控制系统中，应注意采取可靠措施，防止储存程序被有意或无意改变。可能的话，应采用故障检验系统来检查由于改变程序而引起的差错。

六、采取安全防护措施

安全防护是通过采用安全装置、防护装置或其他手段，对一些机械危险进行预防的安全技术措施，其目的是防止机器在运行时产生各种对人员的接触伤害。防护装置和安全装置有时也统称为安全防护装置。安全防护的重点是机械的传动部分、操作区、高处作业区、机械的其他运动部分、移动机械的移动区域，以及某些机器由于特殊危险形式需要采取的特殊防护等。采用何种手段防护，应根据对具体机器进行风险评价的结果来决定。安全防护装置必须满足与其保护功能相适应的安全技术要求，其基本安全要求如下：

（1）结构的形式和布局设计合理，具有切实的保护功能，以确保人体不受到伤害。

（2）结构要坚固耐用，不易损坏，安装可靠，不易拆卸。

（3）装置表面应光滑、无尖棱刺角，不增加任何附加危险，不应成为新的危险源。

（4）装置不容易被绕过或避开，不应出现漏保护区。

（5）满足安全距离的要求，使人体各部位无法接触危险。

（6）不影响正常操作，不得与机械的任何可动零部件接触，对人的视线障碍最小。

（7）便于检查和修理。

火灾事故预防

一次大型火灾的发生，可能会让一个大规模企业在瞬间化为乌有，企业所拥有的技术和设备也会毁于一旦，这对企业来说是一次毁灭性的打击。正是由于这一点，所有的企业都需要进行火灾的预防。

一、一般企业火灾的特性

在一般情况下，企业火灾有以下几个特性：

（1）企业的规划不合理。如图5-5所示，由于企业内多放置各种机械、工具、成品、半成品，倘若规划不合理，如易燃品堆放密集、通道狭窄、通风不良等，一旦发生火灾，极易造成火、烟的快速蔓延。

图5-5 易燃品堆放密集的场景

（2）企业内部储放危险性高的物品，例如石化工业原料、木棉、纤维、强酸、强氧化剂等易助燃或易燃烧的物品。

案例

2005年11月，吉林石化发生爆炸，爆炸当量相当于1.9级地震。该事故共造成8人死亡，60人受伤，直接经济损失6908万元。该事故的主要原因虽是员工误操作，但还有很大的一个原因是，工厂车间内存放了大量的易燃易爆化学物品，形成连续爆炸。事故甚至还造成了松花江污染，带来了一系列的社会问题。

（3）设备、线缆超时间、超负荷使用。因电器、机械的长期使用，容易产生火花、高热而点燃周围的易燃品，引发火灾。

一般企业的电缆的安全使用寿命是经常被人们忽视的。同时为了方便，电缆经常会处于挤压受力的状态——我们经常可以看到电缆横于路面被叉车或其余的物品碾压的情况。

案例

2015年，某矿综采工作面采煤机电缆受挤压、过度盘圈弯曲，导致绝缘击穿，引燃电缆的塑料外层绝缘皮，导致了火灾发生。2017年，在另一个煤矿，由于变电所变压器长期超负荷运行，导致电缆加速老化，绝缘性能下降，温度升高，随后短路并产生电火花；又因为设备老化，变电所高压配电箱油箱的油堵松动，绝缘油流到地面，被火花点燃，最终导致了火灾事故的发生。

企业的厂房、仓库一般都会堆积大量的生产器具、成品、半成品，一旦发生火灾，极易迅速燃烧，并且燃烧时间长、范围广，容易造成非常危险的后果。因此企业火灾的预防是非常重要的必修课。

二、火灾预防措施

针对火灾的这几个特性，企业可以采取相应的防范措施。

（1）工厂的车间设计和规划要以建筑技术设计规定为标准，达到防火要求。企业在新建厂房时，要有专人负责消防验收，使新的厂房符合建筑技术设计规定。例如：人员疏散通道应根据疏散人数来计算确定，但最小净宽度不小于1.4米；消防车道的净宽度和净高度均不应小于4.0米，且消防设施周围1米之内不得被堵塞。

同时，车间内要保证气流畅通，需要时可以配有相应的降温设备，比如空调、风扇，这样就使物品难以达到燃点，避免火灾发生。

（2）危险性高的物品要根据安全规范予以保存和储藏，并且要定期进行检查和清理，以断绝火源。

企业内的高危险物品，应该进行特殊存放处理。图5-6所示便是一个可以上锁的危化品专用铁柜，这种柜子一来可以防止一定程度的火灾，二来可以对危化品进行隔离，避免未授权的人员接触，对其造成伤害。

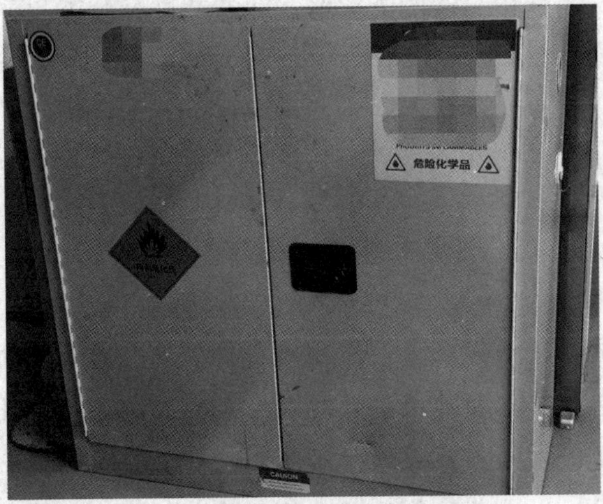

图5-6 上锁的危险化学品专用铁柜

（3）对老化的电线、电缆极有可能引发火灾、爆炸的机械要按时进行安全检查，对不符合安全要求的线路设备，要坚决更换，不能因小失大。易燃品要远离电线、电缆处。老化电线如图5-7所示：

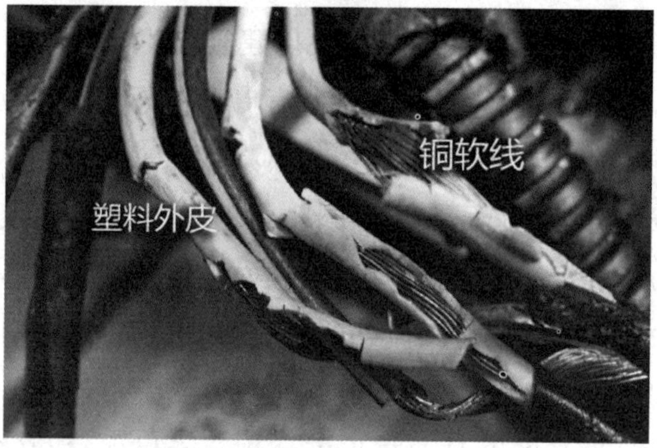

图5-7 老化电线

（4）做好灭火系统和设备的安装和维护。一般来说，大型的企业比较适合安装超细干粉灭火剂及其配套的管网自动灭火系统或柜式自动灭火系统，这类自动控制系统能在第一时间察觉到火灾发生的情况，并采取有效的灭火行动。不适合做这种自动系统的企业，需要按照标准在厂区内配置足够的灭火器，并定期进行检查和更换。

要从根本上保护企业的生产安全，就必须在防范上做好充分的准备。一旦火灾发生到以企业自身能力无法控制的时候，应以最快的速度疏散工人和周围的居民，以免造成人员伤亡，等待消防人员的救援。

案例

有一家公司，他们在生产的时候需要将原材料表面的塑料膜清理掉。因为塑料膜有保护作用，只能在生产的同时进行清理。之前他们采用的方式是，在生产线旁增加酒精灯，需要去膜时再点燃酒精灯，将塑料膜烧掉。这个酒精灯的历史特别悠久，其间出过很多事故。一开始酒精灯容易倾倒，他们做了固定装置，解决了酒精灯容易倾倒的问题，但是后来又发生了酒精灯燃烧的事故，他们又咨询专业的酒精灯厂商，避免了酒精灯整体燃烧的事故。但是，问题没有得到根本解决，因为酒精属于易燃品，存放和使用都非常危险，这个“定时炸弹”仍然存在于车间。最终，经过多年的不懈努力，他们成功找到了一个替代品：手持火焰喷枪。该喷枪使用压缩的丁烷气体进行燃烧，点火方式类似打火机，手松开开关之后，火焰将会自动熄灭，非常可靠和安全。后经过试验认证后，他们最终取消酒精的使用，将车间火灾的风险大大降低。

手持式火焰喷枪的外形如图5-8所示。

图5-8 手持式火焰喷枪

手持式火焰喷枪不但消除了车间的火灾风险，同时也满足了生产工艺的要求，该项目在年度项目评比中赢得了公司总部的嘉奖。

火灾一旦发生，将会带来极大的危害。火灾的危害一般有：

（1）火灾会造成严重的直接财产损失。

（2）现代社会各行各业密切联系，牵一发而动全身。一旦发生重特大火灾，造成的间接财产损失往往是直接财产损失的数十倍。

（3）火灾可能会造成大量的人员伤亡。

（4）火灾会造成生态平衡的破坏。

因此，做好企业火灾预防工作是保证安全生产重要的一环。班组长应当在日常工作中去发现可能存在火灾隐患的地方，并及时改善，掐灭任何一个可能造成重大事故的“星星之火”。

跌落和摔倒事故预防

跌落和摔倒的事故在生活中比比皆是。如果没有做好管理和监督工作，那么跌落和摔倒事故也同样会出现在企业里。

跌落和摔倒事故表面上看起来好像比电气、机械和化学品的危险系数要低很多，但是班组长也不可掉以轻心。某公司为了保护员工不会跌倒，甚至开展了“走路不看手机”的活动，专门设计了用于提示的袖章，如图5-9所示。

图5-9 “走路不看手机”安全推广大使袖章

在推广该活动之前，该公司EHS经理给员工分享了许多因为走路看手机而发生的事故。

案例

2015年12月29日晚，温州一女子王某因低头玩手机意外溺水死亡。该女子边走路边低头玩手机，不慎掉入河中，激烈挣扎一番后，她再也没能爬上岸来……

这条河四五米宽，是村民们平日洗衣服的地方，河与道路间也没有栅栏阻隔。她一直专注看着手机，丝毫没有察觉到自己的行走路线歪了，越来越靠近河边。20时22分53秒，她右脚踩空，整个人掉进了河里。

她使劲地在水里扑动，挣扎着想游到岸边。从监控视频中可以看到，她的头部露在水面之上，双手使劲地拍打着水面，水花四溅（见图5-10）。可是，她的头部位置几乎没有移动。而此时，村里的人家几乎都关门休息了，路上并没有其他人经过，没人听见她的呼喊。20时24分08秒，她高举起双臂使劲拍打了水面，20时24分23秒，她沉入河底，水面恢复了平静。就这样，两个孩子再也见不到他们的母亲了。

图5-10 女子溺水监控视频截图

生产场所一般都布满了机器设备，这些设备可能存在尖角，或是有旋转部件，如果员工不小心跌倒，极易造成事故。因此，各位班组长要重视跌落摔倒隐患的排查和预防。

一、被地面突出物或管线绊倒

企业的地面应该按照5S标准，不乱堆放任何杂物，如果实在万不得已需要占用地方堆放，需要有安全警示。特别是杂物数量不多、体积较小时，也要设置安全警示，因为员工更容易忽略小件物品而被绊倒。一般车间正常生产时，已有的设备线路都应该放到空中桥架上。在一些临时施工情况下，存在线缆私拉乱接的可能，线缆横亘在路面，这样就容易导致员工摔倒。所以，班组长如果发现线缆占用走道的情况，应该提醒负责人使用专门的电路盖板（如图5-11所示），这样员工便会知晓此处正在施工，因此就会提高警惕，避免摔倒。

图5-11 专门的电路盖板

二、高处作业站立不稳跌落

企业里经常会有登高作业，梯子是经常会用到的工具。以下是梯子使用的基本要求。

1.使用前应做的准备工作

（1）确保所有铆钉、螺栓螺母及活动部件连接紧密，梯柱与梯阶牢固可靠，伸展卡簧工作状态良好；

（2）梯子保持清洁，无油脂、油污、湿油漆、泥、雪等物质；

（3）操作者的鞋子保持清洁，禁止穿皮底鞋。

2.注意事项

（1）梯子应放置在坚固、平稳的地面上，禁止放在没有防滑和固定设备的冰、雪或光滑的表面上；

（2）身体疲倦、服用药物、饮酒或有体力障碍时，禁止使用梯子；

（3）作业时不要站在离梯子顶部1米范围内的梯阶上，永远保留1米的安全保护高度，更不要攀过顶部的最高支撑点；

（4）作业时禁止超过标明的最大承重质量；

（5）禁止在强风中使用梯子；

（6）金属梯子导电，避免靠近带电场所；

（7）攀登时人面向梯子，双手抓牢，身体重心保持在梯柱中央；

（8）作业时手不要超过头顶，以免身体失去平衡，发生危险；

（9）禁止从梯子的一侧直接跨越到另一侧；

（10）登高作业时，梯子下面必须同时有一个人协助作业；

（11）班组长有责任和义务监督班组成员遵守登高梯的正确使用规则。

三、地面有水迹或油迹导致跌倒

案例

我曾经工作过的一家公司，因为产品生产过程需要使用到一种油，致使车间地面常被油污染。员工都知道这是一个安全风险，也在积极想办法解决。最终他们定制了一些钢板将油污接住，避免油污直接掉到地面。2018年11月的一个夜班，一名员工因为工作需要，着急地从生产线跑过，碰巧踩到了地面的油污，整个人重重地摔倒在地上。后通过查看监控视频，所有的人都为之捏了一把汗。该员工摔倒时头部离生产设备仅约5厘米，如果摔倒时他的头部撞到了设备，后果将不堪设想。

第二天，所有管理人员召集班组长紧急开会讨论解决办法。最后，我们在现场铺设有孔的防滑地垫，同时对所有员工灌输安全第一的思想，提出员工在车间内不能奔跑的要求，以此预防车间摔倒事故。

班组长需要告诉所有班组成员，为了防止摔倒事故发生，不能在生产场所奔跑，如果发现地面有水迹或油迹时，一定要放好警示标示牌，并及时处理，千万不能抱有侥幸心理。

四、坐姿不正确或椅子发生故障

跌倒和摔落事故不仅仅存在于车间，办公室也同样会存在。因为不正确的坐姿或椅子发生故障导致的事故在不少公司时有发生。

案例

我以前工作过的一家公司用的座椅全是带滚轮的。有一天，一名员工坐在椅子上向椅背后靠时，由于用力过猛，导致椅子倾倒，整个人也一起往后摔倒。该员工在摔倒的同时，用手去撑住地面，导致手肘骨裂。后来，公司就将椅子全部替换成了不带轮子的椅子，如图5-12所示。

图5-12 不带轮子的椅子

这一事故发生之后，公司组织所有员工进行办公室安全的学习。学习中大家了解到了，在办公室不正确地使用椅子，也是非常危险的（见图5-13）。

图5-13 不正确使用椅子的范例

车间如果给员工配置椅子，班组长更需要注意，因为车间里都是设备，如果员工坐椅子时摔倒碰到了旋转的机器设备，那么后果不堪设想。所以，车间里配置的椅子应该选择稳固的带四个角的椅子，并且在不影响操作的情况下，椅子的重心尽可能低。一定要避免配置高脚椅，如果确实操作台面很高，宁可让员工站着操作，并给予足够的休息时间，也不要配置不安全的椅子，否则可能得不偿失。

粉尘爆炸预防

在人类历史上，粉尘爆炸伴随着工业化的进展而越来越频繁。最先的一些爆炸，都出现在较为发达的工业化国家，比如美国、英国、日本。据统计，1913年至1973年，美国仅工农业领域就发生过72次比较严重的粉尘爆炸事故。

自2010年以来，中国各地的粉尘爆炸事故开始频频发生。2010年，河北秦皇岛市的一个淀粉车间发生粉尘爆炸，造成了19人死亡；2011年4月初，浙江一家摩托车厂的零件抛光车间发生了粉尘爆炸；2011年4月底，浙江省另外一家木材厂也发生粉尘爆炸；2012年8月，温州郭溪曾发生一起抛光爆炸事件；2014年8月2日，江苏省昆山市某金属制品有限公司抛光车间发生粉尘爆炸特别重大事故，造成75人死亡，185人受伤，调查显示，这次爆炸系因粉尘遇明火引起。

提起爆炸，人们总是很自然地想到炸弹爆炸时震天动地的轰响，殊不知，悬浮在空气中的那些悠悠飘扬的粉尘也能够导致威力巨大的爆炸。图5-14为粉尘爆炸瞬间照片。

图5-14 粉尘爆炸瞬间

一、粉尘爆炸

粉尘爆炸，指可燃性固体粉尘或可燃性液体的雾状液滴分散于空气或其他助燃气体中，当其浓度达到爆炸极限时，遇到适当的点火能量所必然发生的一种爆炸现象。遇到热源（明火或高温），火焰瞬间传播于整个混合粉尘空间，化学反应速度极快，同时释放大量的热，形成很高的温度和很大的压力，系统的能量转化为机械能以及光和热的辐射，具有很强的破坏力。

凡是呈细粉状态的固体物质均称为粉尘。能燃烧和爆炸的粉尘叫可燃粉尘，浮在空气中的粉尘叫悬浮粉尘，沉降在固体表面上的粉尘叫沉积粉尘。七类物质的粉尘具有爆炸性：金属（如镁粉、铝粉）、煤炭、粮食（如小麦、淀粉）、饲料（如血粉、鱼粉）、农副产品（如棉花、烟草）、林产品（如纸粉、木粉）、合成材料（如塑料、染料）。

容易发生粉尘爆炸事故的生产工艺有物料研磨、破碎过程、气固分离过程、除尘过程、干燥过程、气力输送过程、粉料清（吹）扫过程等。在这些过程中，粉尘处于悬浮状态，只要有合适的点火源，则极易发生燃烧爆炸。集尘器、除尘器、气力输送机、磨粉机、干燥机、筒仓、连锁提升机等生产设备也特别容易发生爆炸。

粉尘爆炸条件一般有三个：

（1）相当浓度的可燃性粉尘在空气中悬浮，形成人们常说的粉尘云；

（2）有充足的空气和氧化剂；

（3）有火源或者强烈振动与摩擦。

通常认为，只要满足条件（1）和（2），就可能发生事故。

二、粉尘爆炸预防措施

班组长及班组成员可以根据粉尘爆炸的条件、机理、特点及影响因素，提出一些预防粉尘爆炸的措施。另外，利用粉尘燃爆的发生、发展规律，可开发出一些降低粉尘爆炸危害的措施。以下四点是粉尘爆炸预防措施。

1.避免形成粉尘云

避免粉尘沉积，或者使沉积粉尘不能飞扬，这样使得在空间内的弥散程度达不到爆炸下限，就能从根本上消除粉尘爆炸的可能。

2.降低助燃剂的浓度

企业应有氧气表对产生粉体的系统进行氧气含量监控，同时可以降低系统的操作压力；磨碎机和空气再循环用的风管、筛子、混合器等设备内采用不燃性气体，以保证系统内的粉尘浓度处于安全状态。

3.避免形成点火源

首先，粉尘场所应避免明火与粉尘的接触，如严禁吸烟、焊接前清扫周围的粉尘。其次，有可燃物的场所，要避免钢、铁、钛、铝锈及铁锈的摩擦、研磨、冲击等产生的火花，要控制大面积的高温热表面，避免静电放电。另外，一定要避免电刷放电和传播性电刷放电，应消除静电、有效接地等。

4.使用抑爆泄压装置

抑爆就是在粉尘发生爆炸时，采取一些技术措施，不让爆炸压力进一步扩大，从而使爆炸带来的危害和损失降低到最小。抑爆系统通常由十分敏感的爆炸监控器和抑制剂喷洒系统组成，系统使用的灭火剂可以扑灭火焰，降低容器内的最大爆炸压力。粉状灭火剂抑制效果最好，主要成分为二氧化碳、磷酸铵、碳酸氢钠。

除企业生产外，还应注意一个最新的可能造成粉尘爆炸的活动——“彩色跑”（见图5-15）。该活动于2011年发源于美国，称为“地球上最快乐的5公里赛跑”。参加者身着白色T恤，在跑步的过程中，会经过不同的彩色站，从头到脚被人撒上了彩色粉末。

图5-15 “彩色跑”活动

彩色粉末是由纯天然玉米粉制成的，对人体和环境无害。但是，在这个表面上看起来充满激情、非常健康的运动中，却隐藏着粉尘爆炸的危险。

案例

2015年6月27日晚8点40分左右，中国台湾新北市八里区的八仙水上乐园在举办彩色派对活动的最后5分钟时，发生了粉尘爆炸事故，造成500余人受伤，12人死亡。事故的原因就是该活动过程中使用了大量的玉米粉，粉尘落到灯面，数百度的高温引发了粉尘爆炸。火势随着地上的玉米粉一路燃烧，引发了惨剧。为了活跃气氛，举办方使用了压缩空气，这样，玉米粉的喷撒速度非常快，喷撒量也比较大，粉尘浓度在短时间内达到较高水平，从而导致了这一事故的发生。

从事故中我们要吸取教训，尽量不要举办和参加类似活动，若确实需要，尽量采用人工抛撒彩粉，这样彩粉较难在短时间内达到燃爆浓度，相对来说是比较安全的。同时，整个活动过程不能携带打火机，全程严禁烟火，每个人使用的粉彩需要限量。人们在活动过程中还要注意保护自己的眼睛和呼吸道，以此预防粉尘爆炸和粉尘对身体带来的伤害。

受限空间事故预防

所谓受限空间作业是指，进入生产或生活区域内的各类塔、球、釜、槽、罐、炉膛、锅筒、管道、容器以及地下室、井、地坑、下水道或其他封闭场所内进行作业。

随着科学技术的发展，监控、检测技术的加强，设备检修的频次虽然在不断减少，但日常的设备检修、维护工作仍然不能忽视。尤其是在受限空间内作业时，由于其作业条件复杂、有毒有害物质清理和置换困难，作业过程中极易发生人身伤害事故，作业风险很大。班组长需要对受限空间内作业保持警觉，必须在作业前完成所有的准备工作，保证班组成员在受限空间内作业时的安全。

一、受限空间易发生的事故类型

1.物体打击

许多受限空间入口处往往设有作业平台，作业人员在作业过程中，由于安全意识不强，监护人监护不到位，在传递工具或打开窨井盖、釜盖等过程中，容易发生物体打击伤害。

2.中毒或窒息

大多受限空间需要定期进入进行维护、清理和定检。与这些设备连接的许多管道、阀门倘若安全措施不落实，未设置盲板，阀门内漏，置换、通风不彻底，氧浓度不合格，往往给有毒有害物质和窒息性气体以可乘之机，使滞留在受限空间内的作业人员中毒或窒息。也有一些窨井、地窖、化粪池等在发酵菌的长期作用下，有毒气体产生、聚集，会使进入里面的作业人员中毒。

案例

2008年7月4日11时，湖南郴州市北湖区鲁塘镇鲁塘矿区石墨四区井下发生一起一氧化碳中毒事故。该矿已停止生产达半年之久，后来矿方组织人员下井排水和维修巷道，为恢复生产做准备。但是，由于矿井停产时间较长，井内积聚了大量的有害气体，一氧化碳严重超标。当班下井人员11人，其中3人脱险，8人中毒窒息死亡。

2015年2月20日，黑龙江省一家企业在检查卧式阻火器水封罐罐内是否有漏点时，一人先进入罐内检查，因罐内充满氮气（该厂合成氨装置已全线停车抢修，并用氮气对全系统保护，未投入生产）而昏迷，另两人随即下罐救人，也昏倒在罐内。最终，三人不幸身亡。

该事故类型通常在有人发生意外时，其他人因急于将受害者救出，在还没有佩戴任何防护用具的情况下就去施救，从而造成事故进一步扩大。

3.高空坠落、机械伤害

受限空间内作业条件比较复杂，如凉水塔、聚合釜内设有喷头、支架、搅拌器以及一些其他电气传动设备，在作业过程中，由于作业人员的误操作、安全附件不齐全，以及风力、高温等环境因素的影响，极易造成高空坠落、机械伤害等事故。

4.触电

作业人员进入受限空间往往需要进行焊接补漏等工作，在使用电气工具作业过程中，由于空间内空气湿度大、电源线漏电、未使用漏电保护器、漏电保护器选型不当、焊把线绝缘损坏等，容易造成作业人员触电。

5.爆炸

由于通风不良，受限空间内有害物质挥发的可燃气体在空间内不断聚集，当其达到爆炸极限后，遇明火即会发生爆炸，造成人员、设施的损害。

二、受限空间事故发生原因浅析

1.教育培训的问题

部分企业培训工作没有做到位，一些生产经营单位没有对从业人员进行应急知识培训，从业人员缺乏安全意识以及基本的自救互救知识和能力，对所从事工种中存在的危险性因素不了解。部分工程项目通过层层转包等方式，由不具备相应资质的单位或人员实施作业。一些从事清污作业的企业，对长期封闭空间及废弃物、废液堆积的空间可能造成缺氧或产生有毒有害气体的认识不足，从业人员缺乏相关常识，作业程序不规范，作业前和作业过程中未对作业场所有毒有害气体和氧气浓度进行检测，盲目进行作业等。

2.管理的问题

一些企业安全管理不到位，相关的安全规程不健全，在密闭空间进行作业，没有对作业现场进行气体监测和分析，发生事故后不采取安全措施，违章盲目施救。未按相关规定配备安全管理人员或安全管理人员不具备相应的资质和能力，在实施受限空间作业时安全措施制定不全面、落实不到位，最终导致事故的发生。

3.救援或应急器具配备不足

一些生产经营单位没有按规定为作业人员配备防毒面具、空气呼吸器等防护装备，也没有配备有毒有害气体检测仪器，导致员工在没有防护器具的情况下进行作业，最终造成事故的发生。

4.安全投入不足

部分生产经营企业安全投入不足，安全监管不力，防护器材和安全设施维护不到位，造成防护器材和安全设施的缺失、缺损，起不到应有的预防和保护作用。

5.预案及演练缺乏针对性

部分企业应急预案编制空洞，应急处置措施不周详，预案演练流于形式，针对性不强，在应急抢险方面未形成统一的处置、救护步骤，演练实效性较差。

三、管理控制措施

受限空间作业极具危险性，因此我们一定要制定切实可行的预防措施，采取多种方法避免事故发生。

（1）加强作业人员和救援人员应急知识的培训，使其了解中毒、窒息等事故可能发生的场所、危害性、特点，掌握自救、互救知识，防止盲目施救。特别是要加强从事清淤、维修作业人员的安全生产和应急知识培训，提高他们的安全意识和应急处置能力。

（2）加强安全保障措施，制定和完善进入受限空间作业的安全管理制度。单位应制定各类清污作业人员进入污水管道、窨井、污水泵站、污水池、纸浆池、粪池、地窖等场所作业的许可程序、安全规程、应急预案，明确相关人员的职责，加强现场监护，随时检测作业场所有毒有害气体的变化。同时，作业人员应佩戴必要的防护装备。

（3）完善安全生产责任制，避免因建设项目层层转包导致出现安全监管缺失、管理盲区等问题。强化安全监管，明确转包方和承包方各自的安全职责，严格落实相关单位、人员的安全责任。

（4）加大安全投入，提高应急能力。各类生产经营单位要根据本单位的实际情况，为从业人员配备防毒面具、空气呼吸器等防护装备以及有毒有害气体检测仪器，定期检查防护、救援器材，保证其处于可用状态。

（5）科学开展应急演练。单位应根据自身特点，开展有针对性的应急预案演练，使员工熟练掌握逃生、自救、互救方法，熟悉单位以及本岗位应急预案内容，提高单位应对突发事故的处置能力。

四、作业过程控制措施

1.检修前

进行受限空间检修作业前，相关企业必须对所有参与作业的人员进行教育，重申有关作业的规章制度，告知作业人员此次作业的不安全因素以及预防措施，明确作业任务、检修方案。严格落实安全措施，检查所有作业工器具是否有缺陷，包括脚手架、起重机械、电气焊用具、电动工具、扳手和钳子等。检查有关动力电源是否切断。对所有的移动式电气工具应配备漏电保护器。检修现场的坑、井、洼、沟等应填平或铺设盖板，也可设置围栏和警告标志，夜间必须设警示红灯。清理检修现场的消防通道、行车通道，确保畅通无阻。夜间作业必须备有足够的照明灯具。

2.检修中

参与受限空间检修作业的人员必须穿戴劳动保护用品，进行电气作业时，应遵守相关安全技术操作规程的规定。作业过程中，如感觉身体不适、生产异常或遇到危及作业人员生命安全等情况时，作业人员应立即撤出作业场所，待重新确认安全措施后，方可继续作业。

3.检修后

受限空间检修作业完成后，项目负责人及作业人员应对检修项目进行确认，并检查工具、材料等是否遗留在作业场所。因检修拆除的盖板、扶手、栏杆、防护罩等安全设施应恢复正常。检修所用的工器具、脚手架、临时电源、临时照明应及时拆除，现场清理干净后，进行设备交出。

五、作业安全措施

在进行受限空间检维修作业过程中，班组长以及相关安全管理人员需要让班组作业人员严格办理各类作业票证，针对每一项有危险性的作业活动采取有效的控制措施。项目负责人、监护人以及各级安管人员要各司其职，确保安全控制措施落实到位。

（1）所有与外界连通的管道、阀门均应与外界有效隔离，可采用插入盲板或拆除一段管道进行管道安全隔绝，不能用水封或关阀门进行隔离。作业前应切断所有与设备相连的动力电，并在操作按钮上悬挂“有人工作”的警示牌。

（2）在进入受限空间作业前，确保受限空间内的氧含量要在19.5%以上，并对空间进行彻底清理。进入盛装过易燃易爆、有毒有害物质的设备等受限空间作业时，必须用压缩空气进行置换，经分析合格后才可作业。作业过程中持续向受限空间通空气，防止空间缺氧。定时检测，如情况异常，立即停止作业，撤离人员。涂刷具有挥发性溶剂的涂料时，每小时分析一次，并采取可靠通风措施。

（3）作业过程中要及时清理受限空间入口周围的工器具，需递送器具时要用绳索吊送，严禁上下抛掷。进入受限空间的所有作业人员必须穿戴劳动防护用品。进入不能达到清洗和置换要求的空间作业时，应佩戴隔离式防毒面具或空气呼吸器。在易燃易爆环境中，应使用防爆灯具和工具。

（4）受限空间内应使用小于或等于36伏的安全电压，在潮湿容器、狭小容器内作业时，应使用小于或等于12伏的安全电压。使用超过安全电压的手持电动工具，必须按规定配备漏电保护器。临时用电线路装置应按规定架设和拆除，保证线路绝缘良好。

（5）现场要配备空气呼吸器（氧气呼吸器）、消防器材和清水等相应的急救用品。进入受限空间内的作业人员必须是无职业禁忌症的健康人员，酒后或带病人员严禁进入受限空间作业。

（6）进受限空间作业必须设专人监护，监护人需严格履行职责，不得随意离开现场。如果作业人员晕倒，监护人可在第一时间实施抢救。受限空间内登高属于特殊登高作业，作业人员必须佩戴安全带，将安全带挂钩挂在合适的位置（注意切勿挂在传动设备上）。

（7）进入受限空间进行抢救时，救护人员必须做好自身的防护，在确保自身安全的前提下，方能进入受限空间实施抢救。

（8）不准向受限空间内充氧气或富氧空气，防止发生火灾爆炸事故。使用电气焊作业时，焊具必须安全可靠、完整无损。使用气焊割具时，随用随放，用后立即提出罐外，严禁在罐内存放。电焊机必须加装漏电保护器，保持焊机的干燥和清洁，电源线和接地线符合使用要求。

（9）受限空间内存在的有毒有害物料确实无法处理时，必须经有关部门批准，采取安全可靠的措施后，作业人员方可进入受限空间作业。

危险化学品事故预防

危险化学品往往具有易燃易爆、有毒有害、易腐蚀等特性，而化工生产过程又多在高温、高压、低温的真空状态下进行，因此，不管是生产、储存，还是搬运使用过程中，都存在着很多危险性因素。早年前，人们对化学品和化工生产过程中可能产生的危害不甚了解，没有给予其应有的重视。而随着化学事故的频发，全世界每年因化学事故和化学危害造成的损失巨大，这引起了世界各国的高度重视。因此，从20世纪60年代开始，各工业国和一些国际组织纷纷制定有关法规、标准和公约，旨在加强化学品的安全管理。

案例

2016年10月，万华油品有限公司将其停产闲置的厂房违法租赁给不具备安全生产条件的江苏省泰兴市盛铭精细化工有限公司。盛铭精细化工有限公司使用从网络查询到的生产工艺，未经正规设计，私自改造装置生产医药中间体二羟基丙基茶碱（未烘干前含有25%的乙醇）。2017年4月2日，操作人员在密闭的烘房内粉碎未经干燥完全的二羟基丙基茶碱，开启非防爆粉碎机开关时，产生电火花，引爆二羟基丙基茶碱中挥发出的乙醇与空气形成的爆炸性气体，进一步引燃堆放在粉碎机周边的甲醇、乙醇等易燃危险化学品，导致爆燃事故发生。事故最终造成5人死亡，3人受伤，直接经济损失786.6万元。

在日常生产过程中，企业员工多多少少会接触到一些有毒的化学品。为了防止相关事故的发生，作为企业活动核心的班组长更应该具备化学品事故预防的安全管理技巧。

一、危险化学品中毒、污染事故的预防控制措施

（1）用无毒或低毒的化学品代替有毒有害的化学品，如果将易燃品(闪点低于28℃的可燃物)，替换为闪点更高的更加安全的可燃品，就会更加安全。比如在本书第四章“改善作业环境”小节里所提到的，将危险的、易爆炸的丙酮更换为更加安全的HT-1溶剂。

（2）采用新技术，改变原料配方，消除或降低化学品的危害。

（3）将生产设备隔离封闭起来，或设置屏障，避免作业人员直接暴露于有害环境中。

（4）借助于有效的通风，降低作业场所空气中的有害气体、蒸气或粉尘的浓度。通风分局部排风和全面通风两种，局部排风适用于点式扩散源，将污染源置于通风罩控制范围内；全面通风适用于面式扩散源，通过提供新鲜空气，将污染物分散稀释。

（5）个体防护只能作为一种辅助性措施，是一道阻止有害物质进入人体的屏障。防护用品主要有呼吸防护器具、头部防护器具、眼防护器具、身体防护器具、手足防护用品等。

（6）注意卫生，包括保持作业场所清洁和作业人员个人卫生两个方面。经常清洗作业场所，及时处置废物、溢出物；作业人员应养成良好的卫生习惯，防止有害物质附着在皮肤上。

二、危险化学品火灾爆炸事故的预防

（1）防止可燃可爆混合物的形成，监控并防止可燃物质外溢泄漏，在可能存在隐患的设备内，采用惰性气体进行保护，加强工作场所的通风置换。

（2）控制工艺参数，将温度、压力、流量、物料配比等工艺参

数严格控制在安全范围内，防止超压、超温、物质泄漏。

（3）消除点火源，远离明火、高温表面、电气设备，避免撞击摩擦、静电火花、光线照射，防止自燃发热。

（4）限制火灾爆炸蔓延扩散，采用阻火装置、阻火设施、防爆泄压装置及隔离措施。

三、危险化学品的运输安全

（1）托运危险物品必须出示有关证明，到指定的铁路、交通、航运等部门办理手续。托运物品必须与托运单上所列的物品相符。

（2）根据装运危险品的性质，装卸和运输人员应佩戴相应的防护用品，装卸时必须轻装轻卸，严禁摔拖、重压和摩擦，不得损毁包装容器，堆放稳妥。

（3）危险物品装卸前，应对车（船）搬运工具进行必要的通风和清扫，不得留有残渣；装有剧毒物品的车（船），卸车后必须洗刷干净。

（4）装运爆炸性、剧毒性、放射性、易燃液体、可燃气体等物品，必须使用符合安全要求的运输工具。禁止用电瓶车、翻斗车、铲车、自行车等运输爆炸物品。运输强氧化剂、爆炸品时，不宜用铁底板车及汽车挂车。禁止用叉车、铲车、翻斗车搬运易燃、易爆液化气体等危险物品。温度较高地区装运液化气体和易燃液体等危险物品，要有防晒设施。遇水燃烧物品及有毒物品禁止用小型机帆船、小木船和水泥船承运。

（5）运输爆炸性、剧毒性和放射性物品，应指派专人押运，押运人员不得少于两人。

（6）运输危险物品的车辆，必须保持安全车速，保持车距，严禁超车、超速。按公安交通管理部门指定的路线和时间运输，不可在繁华街道行驶和停留。

（7）运输易燃、易爆物品的机动车，其排气管应装阻火器，并悬挂“危险品”标志。

（8）蒸汽机在调车作业中，对装载易燃、易爆物品的车辆、必须挂不少于两节的隔离车，并严禁溜放。

（9）运输散装固体危险物品，应根据性质采取防火、防爆、防水、防粉尘飞扬和遮阳等措施。

四、危险化学品的储存安全

（1）危险化学品应当储存在专门地点，不得与其他物资混合储存，并设置进出权限。

（2）危险化学品应该分类、分堆储存，堆垛不得过高、过密，堆垛之间以及堆垛与墙壁之间，应该留出一定间距，保留通道及通风口。

（3）互相接触容易引起燃烧、爆炸的物品及灭火方法不同的物品，应该隔离储存。

图5-16是笔者工作过的一家企业存放危险化学品所使用的隔离柜，它能够将危险化学品进行隔离，确保危险化学品不会与周围的生产物资混放，同时可以很好地将危险化学品进行分类。

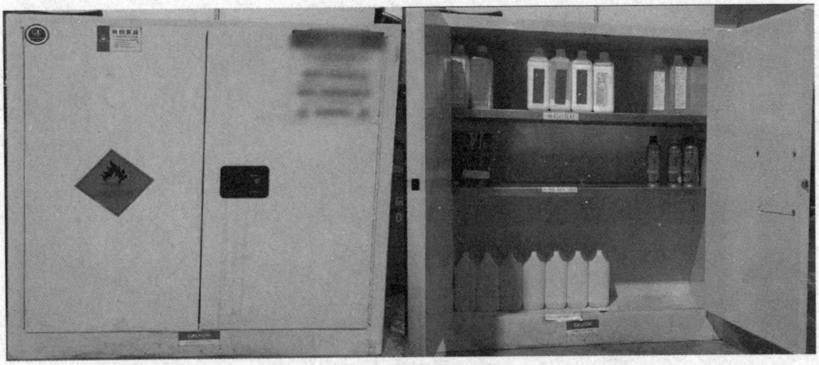

图5-16 隔离柜

（4）遇水容易发生燃烧、爆炸的危险化学品，不得存放在潮湿或容易积水的地点。受阳光照射容易发生燃烧、爆炸的危险化学品，不得存放在露天或者高温的地方，必要时还应该采取降温和隔热措施。

（5）容器、包装要完好无损，如发现破损、渗漏，必须立即进行安全处理。

（6）性质不稳定、容易分解和变质，以及混有杂质而容易引起燃烧、爆炸危险的危险化学品，应该进行检查、测温、化验，防止自燃、爆炸。

（7）不准在储存危险化学品的库房内或露天堆垛附近进行实验、分装、打包、焊接和其他可能引起火灾的操作。

（8）库房内不得住人，工作结束时，应进行防火检查，切断电源。

06

第六章

班组常见事故应急处理技巧

班组成员只有掌握事故应急处理技巧，才能在事故发生时，不惊慌失措，第一时间在现场进行应急处理，争取将事故损失降到最低。

突发事故应急处理

在生产过程中，很多事故都是突发性的，必须得到紧急处置，才能最大限度地挽回损失。因此，班组长做好事故应急准备和掌握现场处置技巧至关重要。

事故应急准备是为了能迅速有效地开展应急行动，针对可能发生的事故预先所做的各种准备。班组人员应该做好以下三个技巧，来应对突发事故，尽可能将损失降到最低。

一、基本准备

每一个员工都要学习并掌握急救知识、应急处置知识，掌握报警程序，如果是事故第一目击者，应立即报警。积极正确地逃生、救人以及参与抢险和事故调查等，积极参与污染物清理、生产恢复等后期处置工作。

发生突发事故后，班组成员首先应该立即逃生，确保自己安全后，在有能力抢救身边伤者的情况下救助他人，最后才是参与救灾抢险。既然要逃生，就要事先明确逃生路线、方法和疏散地点，避免临时抱佛脚，乱了方向。班组人员要认真学习企业准备的逃生知识，熟记疏散路线、紧急集合地点疏散程序以及一些指示指标，以确保事发时能够及时正确地逃生。

二、及时报警

事故发生后，作为现场第一发现人的班组人员，应该及时报警。

除了清楚地知道“119”“120”外，还要牢记单位应急指挥中心的电话号码。因为只有及时地将情况报告给相应的上级领导，才能迅速地实施应急救援。班组员工必须清楚地知道现场报警方式，如电话、警报器等；了解24小时与相关部门的通信、联络方式；懂得相互认可的通告、报警形式和内容。

报警的内容包括：发生事故的具体时间和地点；事故类型，如火灾、爆炸、中毒等；发生事故的可能原因、影响范围；有无人员伤亡；事故的现状、严重程度及其他相关情况。

三、现场的紧急处置

不同的事故有不同的处置方式，班组要按照发生事故的不同，采取不同的处置方式，且在平时多加演练。这里介绍事故现场处置的一般原则和方法。

遇到伤害事故发生时不要惊慌失措，要保持镇静，并设法维持好现场的秩序。在周围环境不危及生命的情况下，不要随便搬动伤员。暂不要给伤员喝任何饮料或进食。如发生意外而现场无人时，应向周围大声呼救，并设法联系有关部门，不要单独留下伤员。遇到严重事故、灾害或者中毒时，除急救呼叫外，还应立即向当地政府安全生产主管部门及卫生、防疫、公安等有关部门报告，报告现场在什么地方、伤员有多少、伤情如何、做过什么处理等。伤员较多时，根据伤情对伤员分类抢救，处理的原则是先重后轻、先急后缓、先近后远。

对呼吸困难、窒息和心跳停止的伤员，立即将伤员头部置于后仰位，托起下颈，使其呼吸通畅，同时施行人工呼吸、胸外心脏按压等复苏操作，原地抢救。对伤情稳定、估计转运途中不会加重伤情的伤员，迅速组织人力，利用各种交通工具，分别将其转运到附近的医疗机构急救。现场抢救的一切行动必须服从有关领导的统一指挥，不可各自为政。

触电的应急处理

办公区、生活区、施工现场均涉及临时用电。由于施工条件的限制，施工现场用电管理比较薄弱，发生触电事故的频率比较高，每年因触电造成死亡人数超过8000人。

案例

2016年7月23日11时30分左右，北京某防水工程有限公司工人在给中储粮某分库粉刷外墙施工后，4人移动脚手架时，触碰到高压线，造成3人死亡、1人受伤。

后经初步调查，事故基本情况是：中储粮某分库与北京某防水工程有限公司签订施工合同，23日，该公司雇用李某带班的4名外地民工对粮库进行粉刷外墙施工。施工后，11时30分左右，4人推移动脚手架返回库区时，在库区北门外触碰到公路北侧高压线，导致4人触电。

现场突发触电事故时，首先要断开电源。

一、及时断电

首先弄清是高压触电还是低压触电，如果高压触电，可采用下列方法使触电者脱离电源。

（1）立即由对外联络组通知有关部门断电。

（2）立即由高压电工抢险人员戴上绝缘手套，穿上绝缘靴，用相应等级电压的绝缘工具按顺序拉开开关。

（3）立即由高压电工抢险队员抛掷裸金属线，使裸线路短路接地，迫使保护装置动作，断开电源。抛掷之前，先将金属线的一端可靠接地后，再抛另一端，抛掷的一端不可触及触电者和其他人。

如果是低压触电，可采用下列方法使触电者脱离电源。

（1）如果触电地点附近有电源开关或电源插销，可立即拉开开关，拔出插销，断开电源。但应注意，防止单线开关断零但未断电源。

（2）如果触电者附近没有电源开关或插销，可由抢险电工用绝缘钳或有干燥木柄的斧头、铁锹立即切断电缆，断开电源，或将干燥的木板等绝缘物插到触电者身下，以隔离电源。

（3）当电线落在触电者身上或压在身下时，用干燥的衣服、手套、绳索、木板、木棒等物作为工具，拉开触电者或拉开电线，使触电者脱离电源，切忌徒手抢救触电者。

（4）如果触电者的衣服是干燥的，又没有紧缠在身上，可用一只手抓住他的衣服，使其脱离电源；因触电者是带电的，其鞋的绝缘也可能遭到破坏，所以救护人不得接触触电者的皮肤，也不能抓他的鞋。

（5）发生触电事故时，现场突发事件应急组织立即赶赴现场，由负责人（指挥）安排善后处理组对现场先进行照相或录像，安排抢险队（组）按预案进行现场抢险。如因救人和防止事故扩大而必须移动设备或设施时，必须先画出设备或设施的标记，或对其进行照相、录像，安排对外联络组立即将事故报企业突发事故应急抢险指挥，由医疗救助组对触电者进行救助。

二、应急抢险

（1）人触电后，可能由于痉挛或失去知觉等原因而紧抓带电体，这时，抢险人员应选择合适的方法，使触电者尽快脱离电源，必须使用适当的绝缘工具，最好用一只手操作，以防救护者触电。

（2）为防止在高处触电者断电后发生的摔伤，必须借环境条件，紧急架设安全网，用于接住触电人员，或用绝缘物安全网、绳子将触电者固定，防止触电者再次摔伤。

（3）为防止站立触电者脱离电源后突然倒地后加重伤害或被其他物品再次伤害，可采用竖向拉开安全网或由抢险人员手拉绳索、安全网的方法接住倒下的触电者。

（4）如果触电事故发生在夜间，要迅速解决照明问题，避免扩大事故。

（5）如果触电事故发生在地下室等潮湿场所，抢险人员可利用干燥的木脚手板、木方等作为绝缘物放在脚下，以防自己触电。

三、现场医疗急救

触电者脱离电源后，由受过专业指导的医疗救护组根据触电者的具体情况，迅速对症救护。现场应用的主要救护法是人工呼吸法和胸外心脏挤压法。

（1）如果触电者伤势不重，神志清醒，但有些心慌，四肢发麻，全身无力，或者触电者在触电过程中曾一度昏迷，但已清醒过来，应使触电者安静休息，不要走动，并由医生前来诊治。

（2）如果触电者伤势较重，已失去知觉，但心脏还有跳动，应使触电者平卧，周围不要围人，以使空气流通，解开他的衣服领口。如果天气寒冷，还要注意保温，并速打120急救中心的电话或将其送往医院。如果发现触电者呼吸困难或发生痉挛，应随时准备好当心跳或呼吸停止时做进一步的抢救。

（3）如果触电者伤势严重，呼吸停止或心脏停止跳动，或二者都已停止，应立即施行人口呼吸和心肺复苏术，并速报120医疗急救中心或送医院，在送往医院的途中，也不得停止抢救。

我们的生活已经离不开各种电器，电一方面给我们的生活带来了巨大的方便，但另一方面又可能给我们带来伤害。在日常工作中，班组长能做的首先是教会大家安全用电，一旦发生触电意外，班组长以及班组成员还应该知道如何去应对。

机械伤害应急处理

常见的机械伤害有挤压、碰撞、剪切、卡住或缠住。机械伤害已属于“四大伤害”（高处坠落、触电事故、物体打击、机械伤害）之一，应引起班组长的高度重视。

在发生了机械伤害事故后，离一线最近的管理人员——班组长，必须挺身而出，按照以下步骤尽快处理，尽量将企业的损失降到最低。

一、停止作业

一旦伤害事故发生后，要立即停止作业，将伤员放置于平坦的地方。现场有救护经验的人员应立即检查伤员的伤势，然后有针对性地进行紧急救护。在进行上述处理后，现场的负责人应立即报告应急救援小组及应急救援指挥部，应急救援指挥部应立即拨打120救护中心，与医院取得联系（医院在附近的直接送往医院），详细说明事故地点、严重程度，并派人到路口接应。在医护人员没有到来之前，应检查受伤者的伤势、心跳及呼吸情况，视不同情况采取不同的急救措施。

二、现场施救

首先，应迅速小心地使伤员脱离危险源，必要时，拆卸机器，移出受伤的肢体。对发生休克的伤员，应首先进行抢救。遇有呼吸、心跳停止者，可采取人工呼吸或胸外心脏挤压法，使其恢复正常。对骨折的伤员，应利用木板、竹片、绳和布等，固定骨折部位，也可将其上肢固定在身侧，下肢与下肢缚在一起。

对伤口出血的伤员，应让其以头低脚高的姿势躺卧，将消毒纱布或清洁织物覆盖在伤口上，用绷带较紧地包扎，以压迫止血。上肢出血者，捆绑在其上臂1/2处，下肢出血者，捆绑在其腿上2/3处。每隔25～40分钟放松一次，每次放松0.5～1分钟。

三、转移伤员

如果受伤人员伤势不重，可采用背、抱、扶的方法将伤员运走。如果受伤人员伤势较重，有大腿或脊柱骨折、大出血或休克等情况时，就不能用以上方法转送伤员，一定要把伤员小心地放在担架或木板上抬送。把伤员放置在担架上转送时，动作一定要平稳。

上、下坡或楼梯时，担架要保持平衡，不能一头高，一头低。伤员应头在后，这样便于观察伤员情况。如果事故现场没有担架，可以用椅子、长凳、衣服、竹子、绳子、被单、门板等制成简易担架。

对于脊柱骨折的伤员，一定要用硬木板做成担架抬送。将伤员放在担架上以后，要让他平卧，腰部垫上一个垫子，然后将伤员固定在木板上。

四、及时上报

当发生重大事故时，现场人员必须及时上报有关单位，并组织抢救，保护现场，设置危险区域，拍摄事故现场照片。应急小组得知事故发生后，应立即赶赴事故现场，落实上述应急措施，注意检查事故现场是否处于安全状态，防止事故扩大，并按规定向上级有关部门报告。事后要配合有关部门开展事故调查工作。

案例

一家合金加工厂内的一个连轧机因故障正在检修，大约18时20分左右，连轧机修复。班长李某安排人员试机，副班长何某下达开机命令，操作工裴某启动了连轧机。在结晶轮和钢带运转的情况下，何某用右手在浇铸口溜槽和结晶轮之间抹滑石粉，右手被卷入结晶轮和钢带之间。听到何某的喊声后，裴某立即停止了连轧机，在何某附近的当班班组长马某采取紧急措施，赶快松开带压轮。何某将压伤的右手从结晶轮和钢带之间取出，随后当班组长立即将何某送往医院。最终，该机械事故导致何某右手食指骨裂、无名指皮外伤、中指第三节骨折。

机械伤害非常常见，在企业内随时都有可能发生，但随着设备供应厂商在设备设计制造时对安全性要求的提升，作业人员意识水平的提高以及企业安全管理水平的提高，这类伤害正在减少，但并不意味着我们可以对此松懈。在工作中，必定少不了与机械设备打交道，每个人都应该知道发生类似的事情后该如何应对，身为班组长，更有不可推卸的责任，更要知道相关的应急知识，以保证班组成员的安全，最大限度地减少伤害。

火灾应急处理

火灾事故发生后，首先要保护人员安全，扑救要在确保人员不受伤害的前提下进行。火灾第一发现人应判断火灾发生的原因，火灾发生后，应掌握的原则是边救火边报警。在生命和财产之间，首先要保全生命，采取一切必要措施，避免人员伤亡。

班组长在企业生产活动中如果遇到火灾的紧急事故，应当通过以下技巧和流程对火灾进行正确的应急处理。

一、发现火情后的应急处理

（1）发现火情后，现场人员应保持冷静，辨明方向和火势大小，迅速使用现场的灭火器、消防栓、消防钩等各种消防器材灭火，力争把火控制、扑灭在初期阶段。同时呼喊周围人员参与灭火和报警，并将事故报告给应急指挥部及现场主管人员。

（2）救护组护理火灾现场的伤员，将重伤者立即送往医院。紧急抢救伤员，协助医务人员到场救护由办公室人员负责，运送伤员工作由办公室领导负责。

（3）灭火期间如有人员受伤，应以抢救伤员为主，火灾扑灭后，应留有人员观察现场情况，防止火势复燃。

（4）向上级单位及有关部门报告事故情况。

二、抢救人员防护

参加救护、救援人员必须穿戴规定着装，并注意风向，要站在上风口，进入封闭空间内抢救时，应配备照明灯具。

三、疏散与救护

（1）发生火灾时，如有人被大火围困，应首先组织力量救人，及时查明火情。查清火源及受火势威胁的部位，以及被火势围困人员所处的位置等。注意救人第一，救人与灭火同步进行，积极施救，同时应当保证自己的安全。

（2）通讯组根据火情发生的位置、扩散情况及威胁的严重程度通知起火部位，以及安全疏散的路线、地点、方法等，广播时，播音语调应镇静。

（3）通讯组必须向事故发生地点附近的工作员工进行通报火灾情况。

（4）若遇浓烟，警戒疏散人员应立即组织员工迅速选择与火源相反的通道脱离险境。在疏散时，应用湿毛巾捂住口鼻，避免因浓烟造成窒息。

四、医疗处理

（1）事故发生后，必须沉着冷静。如果发现多人烧伤，应区别轻重缓急，有条不紊地进行急救。首先对伤者烧伤处进行冷却是最为重要的，此措施要在受伤现场立刻进行。

（2）烧烫伤一般分为三个等级，认清烧烫伤等级更有助于进行急救。烧烫伤可分为一度烧烫伤（红斑性，皮肤变红）、二度烧烫伤（水泡性，患处产生水泡）、三度烧烫伤（坏死性，皮肤脱落）。

针对烧烫伤的原因可分别采取相应的措施：冷清水冲洗或浸泡伤处，降低表面温度。脱掉受伤处的饰物。一度烧烫伤，可迅速脱去伤员衣服或顺衣缝剪开，用冷水冲洗或浸泡10至20分钟，涂上外用烧烫伤膏，一般3至7日可痊愈。对于二度烧烫伤，表皮水疱不要刺破，不要在创面上涂任何油脂或药膏，应用干净清洁的方巾、床单等覆盖伤部，以保护创面，防止污染，等待紧急救援。严重口渴者，可口服少量淡盐水或淡茶水，条件许可时，可服用烧伤饮料；对于呼吸窒息者，采取人工呼吸；对于伴有外伤大出血者，应尽快为其止血；对于骨折患者，应进行临时骨折固定。对于三度烧烫伤，完成保护创面等应急处理后，应尽快组织转送医院治疗。

案例

1994年12月7日，新疆维吾尔自治区教委组织义务教育和扫盲教育检查验收团一行25人到克拉玛依市检查工作。12月8日16时，克拉玛依市组织相关学校的15个规范班的教师、家长等796人，在友谊馆进行文艺汇报演出。16时20分，舞台上方的照明灯失火点燃了幕布，火势迅速蔓延。该馆共有7个向室外疏散的出口，演出时两侧和舞台左侧5个出口都被关闭锁死，现场人员不能疏散。

最终，此次火灾造成323人死亡，烧伤130人，其中重伤68人，直接经济损失210.9万元。

此次事故造成的损失相当大，究其原因，一是照明设施的不安全及不合理，二是公共场所安全出口被封堵。

在平时的工作中，班组长应该具备火灾事故预防的基本常识，知道工作中可能存在的火灾隐患，同时要保证安全出口不被封堵，正常可用。

案例

2015年初秋，我在一家企业工作。一次，我准备去堆场做一件事情，刚出车间大门，就看到外来施工人员将材料堆放在了安全出口处，原本通畅的道路仅能容纳两人同时通行。我立即就和他们负责人沟通，对方给的解释就是他们在卸货，很快就能完成，不碍事的。但在我的强烈要求下，他们还是换到专用卸货地点进行了卸货。后来虽然没有发生火灾等紧急情况，但是如果发生，那么原本是安全出口的“生命通道”就会变成“鬼门关”，后果不堪设想。

在平时的工作中，班组长需要考虑长远一些，去发现可能造成火灾的安全隐患，对已经存在的隐患更不能坐视不管。

提前发现和防止火灾的发生固然是最好的，但是如果火灾已经发生，我们也要懂得如何去处理。常见的灭火设备有灭火器、消防栓。

常见手提式干粉灭火器的使用如图6-1所示。

（1）检查灭火器是否在正常的工作压力范围；

（2）拔下保险销，拉出喷管；

（3）把灭火器上下颠倒几次，使筒内干粉松动；

（4）占据上风口位置，然后对准火焰根部左右扫射。

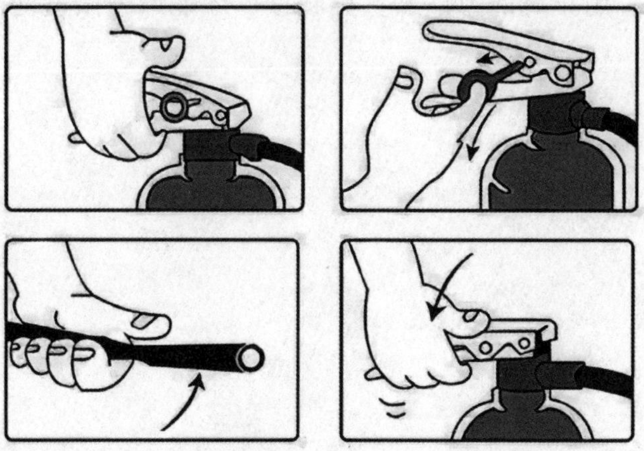

图6-1 干粉灭火器的使用方法

消防栓的使用方法如图6-2所示。

（1）打开或击碎消火栓门，取出消防水袋；

（2）将水带一头接在消火栓口上；

（3）另一头接上消防水枪；

（4）按下箱内消火栓启泵按钮；

（5）打开消火栓上的水闸开关；

（6）对准火源根部灭火。

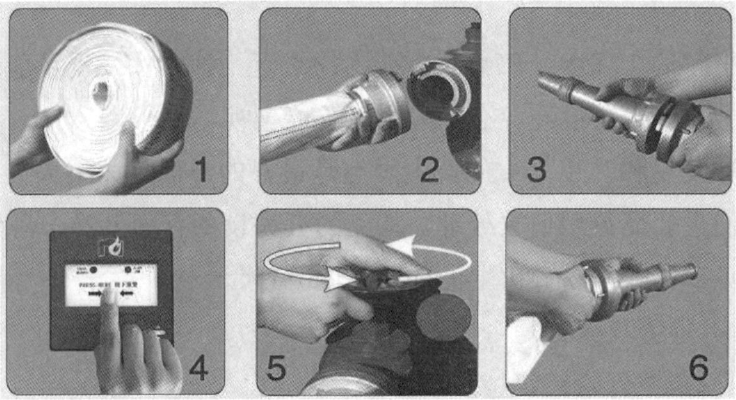

图6-2 消防栓的使用方法

班组长不仅要知道如何预防火灾，也要掌握遇到突发火灾时的应急处理方法。用正确的方法去实施救援，才能最大限度地挽回损失。

跌落摔倒应急处理

高处跌落事故是指从业人员在企业生产活动中，在距离基准面2米及以上高度跌落的事故。

案例

2019年6月10日，某供电公司检修人员在35千伏变电站进行隔离开关过热的消缺工作①。操作队长吕工、曹工和靳工在对其他运行设备进行巡视时，发现311断路器及3114隔离开关触头有过热现象，便与调度员联系，建议将此缺陷一并处理。调度员下令，将311断路器及3114隔离开关由运行转检修，许可开始工作。吕工安排靳工粘贴311断路器试温蜡片，他本人负责监护。靳工在吕工去拿试温蜡片时，独自登上2米高的人字梯，身体失稳，从1米多高处摔下，安全帽脱落，右后脑撞击断路器右角处，导致脑颅损伤，并伴有大量失血，经抢救无效死亡。

可见，哪怕只是从1米的高处摔下来，也可能会危及生命。这一案例更加提醒我们班组长在平时的工作中，一定要严格要求班组成员执行标准的安全作业流程，来不得半点马虎。对于跌落摔倒事故，班组长和班组成员应该具备以下应急处理技巧。

①消缺工作是指，通过对发生异常的设备进行测试、校验、解体、更换、紧固、焊接、润滑等工作，使异常设备恢复正常工作的过程。

一、隔离危险源

发生高空坠落事故后，现场班组成员应当立即采取措施，切断或隔离危险源，防止救援过程中发生次生灾害。切断或隔离危险源后，现场班组成员应当立即开展现场急救工作，同时请求应急救援和上报事故信息。

二、拨打救助电话

在电话中说明伤者的伤情和已经采取了什么急救措施，以便让救护人员事先做好急救准备；讲清楚伤者（事故）发生的具体地点；告知自己的电话，并派人在现场外等候接应救护车，同时清除救护车辆进入事故现场的路上的障碍。

三、现场救护

现场知情人员应做好受伤人员的现场救护工作。如受伤人员出现休克或昏迷、骨折状况，应先进行人工呼吸和心肺复苏术，并采取临时包扎止血措施，努力抢救伤员。

应急人员赶赴现场后，应当立即采取措施对事故现场进行隔离和保护，严禁无关人员进入，为应急救援工作创造一个安全的救援环境。同时，应立即组织开展事故调查。

急救人员必须在最短的时间内到达现场，迅速对患者伤情进行判断，维持受伤人员的基本生命活动，并提出下一步医疗建议。

在转送伤员时，为避免伤情扩大，途中还要做进一步检查，通过询问护送人员、事故目击者，了解伤者受伤情况，对一些隐蔽部位的伤情，做进一步处理。

四、伤员转运

在伤员转送途中，急救人员应密切观察患者的瞳孔、意识、体温、脉搏、呼吸、血压、出血情况，以及包扎部位的末梢循环情况等，以便及早发现问题，及早做出相应的处理。当事故有可能出现扩大、恶化苗头时，应当立即向当地政府有关部门应急领导小组提出申请，请求必要的社会支援。

五、常用的处置方法

1.出血的处置方法

伤口渗血，用消毒纱布或用干净布盖住伤口，然后进行包扎。若包扎后仍有较多渗血，可适当加压止血或用布带等止血。

伤口出血呈射状或血液涌出时，立即用清洁手指压迫出血点上方（近心端），使血流中断，并将出血肢体抬高或举高，有条件的用止血带止血后再送医院。

2.骨折的处置方法

肢体骨折可用夹板或木棍、竹竿等将断骨上、下方关节固定，也可利用伤员身体进行固定，避免骨折部位移动，以减轻疼痛，防止伤势恶化。

开放性骨折，伴有大出血者应先止血，然后再固定，并用干净布片覆盖伤口，然后速送医院救治，切勿将外露的断骨推回伤口内。

如疑似有颈椎损伤，先使伤员平卧，然后用沙土袋(或其他替代物)放在伤员头部两侧，固定其颈部。

如疑似有腰椎骨折，应使伤员平卧在平硬的木板上，并将其躯干及两侧下肢一同进行固定。搬动时，应数人合作，保持平稳。

在搬运和转送伤员的过程中，切勿将伤员颈部和躯干前屈或扭转，而应使脊柱伸直，绝对禁止一个抬肩、一个抬腿的办法，以免发生或加重截瘫。

3.颅脑外伤的处置方法

若伤者有呕吐现象，应使伤者侧卧，防止窒息。若无呕吐现象，可使伤员平卧，保持气管通畅。

耳鼻有液体流出时，不要用棉花堵塞，轻轻拭去即可，以利降低颅内压力。

颅脑外伤病情复杂多变，禁止给予伤者饮食，应立即将伤者送往医院。

送伤者前往医院时，应使伤者平躺在担架上，并将其固定住。上楼、下楼时，保持伤者头部在上。

4.穿刺伤及内伤的处置方法

如有腔脏器脱出，可用干毛巾、软布料加以保护。及时去除伤员身上的用具和口袋中的硬物。

六、后期处置

（1）应急处置结束后，对紧急征用的设备、物资按照规定给予补助或补偿，并协助做好正常生产秩序恢复等工作；

（2）做好事故调查，提交事故调查报告；

（3）协助企业安全生产应急领导小组做好事故现场的勘察、警戒和事故原因的调查取证工作；

（4）将有关文件上报给企业安全生产应急领导小组，为事故处理提供事实依据。

粉尘爆炸应急处理

生产性粉尘是指在工农业生产中形成的、能够长时间飘浮在空气中的固体微粒。在不同的生产场所，人们会接触到不同性质的粉尘。在建筑施工行业，主要接触的粉尘是游离二氧化硅、石英混合粉尘、石灰石、黏土、火山泥、页岩以及铁粉、煤炭、矿渣、石膏、砂子、硅藻土等。

粉尘爆炸是指，可燃粉尘在受限空间内与空气混合形成粉尘云，在点火源作用下，形成的粉尘空气混合物快速燃烧，并引起温度压力急骤升高的化学反应。粉尘浓度超过爆炸极限，遇到明火，就可能发生爆炸事故。粉尘爆炸有产生二次爆炸的可能性。由于粉尘的初始爆炸气浪会将沉积粉尘扬起，在新的空间达到爆炸浓度而产生二次爆炸。这种连续爆炸具有极大的破坏性。

粉尘爆炸事故前可能出现的征兆：

（1）粉尘沉积在照明装置、机械设备等热表面，引起自燃；

（2）产生粉尘的场所使用明火；

（3）粉尘浓度增大。

发生粉尘爆炸后，班组长应当立即采取正确的应急处理措施，具体可按照以下技巧和流程执行。

一、切断电源

现场作业人员发现粉尘火灾爆炸事故的征兆，或发生粉尘火灾爆炸事故后，应当依照事故现场处置方案，并立即停机，切断现场所有电源开关，通知现场及附近人员紧急撤离事故现场，并立即向部门负责人报告。

二、成立应急处置小组

现场成立应急指挥部，由安全生产部部长或赶赴现场的最高领导担任总指挥。总指挥不在场时，由事故现场职务最高的管理人员为临时总指挥，行使现场应急指挥、协调处置的全部职责。

成立现场应急处置小组，在指挥部的统一指挥下，负责事故现场的应急处置工作。事故应急处置小组由事故部门负责人、班长、维修人员、操作人员组成。

部门负责人：粉尘爆炸事故发生后，负责应急救援工作中的通信联络工作，立即上报公司主要负责人，并联系内外部急救资源。同时在班长配合下，按照企业“应急处理措施”进行相应处置，防止事故进一步扩大。

班长：粉尘爆炸事故发生后，应迅速（5分钟内）上报部门经理、应急管理办公室、生产部，并组织班内人员穿戴好防护用品，组成2人以上的应急处理小组，按企业现行的“应急处置措施”对事故现场采取相应处置措施，遏止事态发展。

维修人员及操作人员：粉尘爆炸事故发生后，迅速（3分钟内）上报当班班长，并在班长的指挥下，采取相应处置措施。

现场处置小组负责事故初期的处理与控制，遏止事故扩大，抢救受伤人员，负责人员疏散、现场隔离、设备抢修等工作。现场应急指挥部成立后，在指挥部统一指挥下对事故进行处置。

三、疏散、施救及安全防护

部门负责人及现场管理人员应立即进行事故现场疏散，开展自救行动。抢救、抢修人员到达现场后，应佩戴好防毒面具，坚持先救人后救物的原则。当事故超出企业自救能力时，必须拨打119消防电话和120急救电话，并在电话中说清以下内容：

（1）单位名称、地址、电话、报警人姓名；

（2）什么事故；

（3）事故情况如何。

四、消防、医疗救护

当消防队到来后，现场应急处置小组应将事故情况向消防队说明清楚。应急队员服从消防队的指挥。如事故扩大，参与应急的队员应尽快撤离到安全地方。保安值班人员接到事故预警信号后，立即开启企业大门，必要时派人到相关路口带引消防车。警戒、疏散组到达现场后，担负企业治安和交通指挥，在事故现场周围设岗，划分禁区，并加强警戒和巡逻检查。

如事故扩大危及周围人员安全，政府指挥中心应指挥协调，迅速组织有关人员协助友邻单位、过往行人向上侧风方向的安全地带疏散。医疗救护组到达现场后，应立即救护伤员，对中毒人员采取相应的急救措施，对伤员进行清洗包扎等急救处置，将重伤员及时送往附近医院抢救。通讯保障组到达现场后，根据指挥中心的命令，及时组织事故抢险过程中所需物资的供应、调运；对内、外联系，准确报警，及时向社会救援组织传递安全信息，发布险情，进行现场与外界的有效沟通，以获得有力的社会支援。

五、应急物资与装备保障

各小组成员手机必须24小时开机，保证通信畅通。消防器材、药品、个体防护用品（具）均配置齐全，并按规定定期检查保养，使其处于完好可用状态。

在了解和认识到粉尘爆炸的巨大威力后，我们应当在做好粉尘爆炸事故预防的同时，建立并熟知粉尘爆炸事故的应急处理流程与技巧。这样如若发生意外，企业班组也能够及时应对，降低损失。

受限空间事故应急处理

受限空间是指，进出口受限、通风不良，可能存在易燃易爆、有毒有害物质或缺氧，对进入人员的身体健康和生命安全构成威胁的封闭、半封闭设施及场所，如反应器、塔、釜、槽、罐、炉膛、锅筒、管道以及地下室、窨井、坑（池）、下水道等。企业内如果不幸发生受限空间事故，班组长可以按照以下流程和技巧进行处理。

一、进入受限空间事故应急处置

现场的班组长或班组成员首先要对事故情况进行初始评估，根据观察到的情况，初步分析事故的范围和扩大的可能性。在进入受限空间施救前，使用检测仪器对有限空间内有毒有害气体的浓度和氧气的含量进行检测。也可采用动物（如白鸽、白鼠、兔子等）试验方法或其他简易快速检测方法做辅助检测，根据测定结果，采取加强通风换气等相应的措施。在有限空间的空气质量符合安全要求后方可抢险，抢险人员要穿戴好必要的劳动防护用品（呼吸器、工作服、工作帽、手套、工作鞋等），系好安全带，以防止抢险救援人员受到伤害。

二、安全照明

在受限空间内使用的照明灯应为12伏以下的安全行灯，照明电源的导线要使用绝缘性能好的软导线。找到受限空间内的受伤人员后，用安全带系好被抢救者的两腿根部及上体，缓慢使其上升，使患者脱离危险区域，避免影响其呼吸或触及受伤部位。

三、保持通信

抢险过程中，受限空间内的抢险人员与外面的监护人员应保持通信畅通，在抢险人员撤离前，监护人员不得离开监护岗位。

四、紧急救护

救出伤员后，班组长和班组成员首先要对伤员进行现场急救。医疗救护组到达现场后，与消防抢险组配合，应立即救护伤员和中毒伤员，对中毒人员及时采取相应措施，对伤员进行紧急处置。如无法进行现场急救，则要第一时间将伤员送往医院。

案例

2017年5月2日上午10时30分左右，广东省河源市龙川县丰稔镇乌石坝龙富建材厂砂浆搅拌场发生一起4人死亡事故。该厂员工谢某进入盛装少量碱水的圆白色胶桶（高2.75米，直径2.13米，上盖口径约0.6米）内，疑似晕倒。谢某、赖某、黄某3人相继进入桶内进行营救，均发生疑似晕倒现象。现场人员发现后，立即报120指挥中心求援，并用正确的方法将桶内人员救出。赶到现场的120救护人员确认，上述出事人员均已死亡。经初步调查，龙川县丰稔镇龙富建材厂的砂浆搅拌场未经审批非法生产。

在上面这个案例中，防范意识和相关安全培训的缺失，使得员工不清楚生产过程中存在的受限空间安全隐患，最终导致这一事故的发生。随后进入的3名员工盲目施救，导致这一事故扩大。

在任何通风状况不良的空间中，由于二氧化碳的密度比氧气大会渐渐下沉，也可能因为微生物的分解产生气体等，形成受限空间，存在让人窒息的可能。因此，在进入这些受限空间时，必须有相应的检验措施和看护人，如果发生了受限空间事故，班组长和班组成员需要知道正确的救援措施，避免造成更多的人身伤害。

化学品泄漏事故应急处理

在化学品的生产、储存和使用过程中，盛装化学品的容器可能会发生意外的破裂、倾倒等事故，造成化学危险品的外漏。如果对已发生的泄漏事故控制不住或处理不当，随时可能转化为燃烧、爆炸、中毒等恶性事故。所以，一旦发生危险化学品泄漏事故，我们要懂得及时处理。下面介绍一下化学品泄漏时必须采取的应急处理流程与技巧：

一、疏散与隔离

一旦发生化学危险品泄漏，首先要疏散无关人员，隔离泄漏污染区。如果是易燃易爆化学品大量泄漏，一定要打“119”报警，请求消防专业人员救援，同时要保护、控制好现场。

二、切断火源

切断火源对化学品的泄漏处理特别重要，如果泄漏物是易燃品，则必须立即消除泄漏污染区域内的各种火源。

三、个人防护

处理人员应对泄漏化学品的化学性质和反应特征有充分的了解，要于高处和上风处进行处理，严禁单独行动。必要时要用水枪（雾状水）掩护。要根据泄漏化学品的性质和毒物接触形式，选择适当的防护用品，防止事故处理过程中发生伤亡、中毒事故。

1.呼吸系统防护

在处理应急事故时，为了防止有毒有害物质通过呼吸系统侵入人体，我们应根据不同场合选择不同的防护器具。如果泄漏化学品的毒性大、浓度较高，且空间内缺氧，我们就必须使用氧气呼吸器、空气呼吸器、送风式长管面具等。

如果氧气浓度不低于18%，毒物浓度在一定范围内，可以采用防毒面具（毒物浓度在2%以下的采用隔离式防毒面具，浓度在1%以下的采用直接式防毒面具，浓度在0.1%以下的采取防毒口罩）。粉尘环境中可采用防尘口罩。

2.眼睛防护

在处理应急事故时，为防止眼睛受到伤害，可佩戴化学安全防护眼镜、安全防护面罩等。

如果有毒有害物质（如化学液体等）喷溅到工作人员脸上或者眼睛里，班组人员应当迅速使用将危害降到最低的有效的安全防护用品——洗眼器（如图6-3所示），对被喷溅的脸或者眼睛进行冲洗。不过，洗眼器只是用于紧急情况下，能暂时减缓有害物对身体的进一步侵害，进一步的处理和治疗还需要遵从医生的指导。

图6-3 洗眼器

洗眼器的使用方法如下：

（1）打开防尘盖；

（2）用手轻推手推阀，清洁水从洗眼喷头自动喷出；

（3）双眼靠近洗眼喷头，用大量清水冲洗15分钟；

（4）洗完后，将手推阀复位，并将防尘盖复位。

3.身体防护

为了避免皮肤受到伤害，可以穿戴面罩式胶布防毒衣、连衣式胶布防毒衣、橡胶防护服、防毒物渗透工作服、透气型防毒服等。

4.手防护

为了保护手不受伤害，可以戴橡胶手套、乳胶手套、耐酸碱手套、防化学品手套等。

四、泄漏控制

如果在生产过程中发生化学品泄漏，班组成员要在统一指挥下，关闭相应的阀门，切断与之相连的设备、管线，停止作业。

如果是容器发生泄漏，应根据实际情况，采取措施堵塞和修补裂口，制止容器进一步发生泄漏。另外，要防止泄漏物扩散，以免殃及周围的建筑物、车辆及人群；万一控制不住泄漏，要及时处置泄漏物，严密监视，以防发生火灾爆炸等次生灾害。

五、泄漏物的处置

1.气体泄漏物处理

应急处理人员要做的就是止住泄漏，如果可能的话，使现场通风条件好转，或者喷洒雾状水，使之液化后再处理。

2.液体泄漏物处理

如果只是少量的液体泄漏，可用沙土或其他不燃吸附剂吸附，收集于容器内后再进行处理。大量液体泄漏后会四处蔓延扩散，可以筑堤堵截或者将其引流到安全地点。为减少泄漏物的蒸发，可用泡沫或其他覆盖物进行覆盖，然后进行转移处理。

3.固体泄漏物处理

用适当的工具收集泄漏物，然后用水冲洗被污染的地面，并按照规定处理废水后进行排放。

六、逃生自救

救护者在进入危险区域前，必须戴好专用防毒面具、自救器等防护用品，必要时也应给中毒者戴上，然后迅速将中毒者小心地从危险环境转移到安全、通风的地方。如果伤员失去知觉，可将其放在毛毯上转移出去。到达安全、通风区域后，脱去中毒者被污染的衣服，松开领口和腰带，使中毒者能够顺畅地呼吸新鲜空气。如果毒物污染了伤员的眼部、皮肤，应立即用水冲洗。对于口服毒物的中毒者应设法催吐，简单有效的方法是用手指刺激舌根。对于腐蚀性毒物中毒可以口服牛奶、蛋清、植物油等，以中和毒物，保护胃黏膜。

案例

小林是一个工作积极热情的班组长，而且他相当有力气。平时他只要一拉一拔，250千克的塑料桶转两个圈就到了吊机下。这一天，小林和往常一样开始工作。当塑料桶到位放下时，桶内的液体从桶盖小孔中溢出，溅到了小林的脸上，小林感到脸上火辣辣的。更糟糕的是，液体还流到了他的眼中。幸亏小林参加过培训，知道“要立即用水冲洗15分钟以上”的紧急处理方法。他立即采取措施冲洗，然后及时赶到医院诊治，万幸眼睛没有什么大碍。从此以后，小林工作前再也忘不了仔细检查，不仅如此，他还督促化验员取样后把桶盖拧紧。

我们在工作中一定要有安全意识，时时检查，查到隐患，立刻处理，绝不让隐患有任何发展成为事故的可能，同时还应当熟知事故的应急处理技巧和流程。对于已经发生的事故，要采取应急措施，以免事故进一步扩大，带来更大的损失。

班组长是企业从事安全生产活动的核心，班组长在忙碌的日常工作中，切不可对安全问题掉以轻心。每个人的生命只有一次，在工作中，班组长应当充分利用空余时间，通过GEMBA、5S、可视化等现场管理工具对生产现场进行安全隐患排查，做好事故预防工作。一旦发生事故，班组长也要临危不惧，组织现场人员有条不紊地采取应急措施，防止事故进一步扩大，把损失和伤害降到最低。

07

第七章

安全改善的策略与技巧

在追求安全的道路上，我们的脚步永远不会停歇，生命安全永远排在第一位。做好安全改善，不仅能够保证企业的安全生产，更能保证我们的生命安全。

安全改善至关重要

前文讲到了与安全相关的意识提升、现场规范、制度执行、职业健康、事故的预防和应急处理，这些对安全来说都是非常重要的。我们要提高安全意识，按照规章制度去开展工作，知道基本的职业健康防护，知道事故的预防和出现事故时的应急处理方法等。但做好这些，还不能保证我们已经百分百地做好了安全工作。我们想要的安全其实是需要持续改进的，好比小学生写作文，虽然他学会了基本的写作方法，可以完整地描述一个故事，但要想写得更引人入胜，还需要在很多环节上进行完善和提升。安全工作同样也需要这样的提升，才能够达到理想的安全状态。

设想一下：即使飞机失事了，也不会导致人员伤亡。这就是理想的最安全的状态。

首先需要改变，让坐飞机这件事情变得更安全。我们现在所做的很多工作，比如飞机保养、培养熟练的驾驶员，都是在现有的基础上做改变，这是为了减少事故发生频次，即对事故发生频次做的改变。

但假设我们能让飞机坠落到地面的能量变得很小，就像一块海绵从天上掉下来一样，这样的改善、创新是针对后果的改变。

只要飞机还没有实现这样的状态，那么理想就还在，安全改善就不该停止，只是遵守现在的规则是不够的，因为风险和严重的后果一直都在。

但改善不是一蹴而就的，针对飞机的创新也不是说有就有的。改善是一条漫长而艰辛的道路，需要的是很多微小的积累，最后才能变成质的飞跃。

我们的周围存在着各种各样的安全风险，所以，我们可以采取一些措施来避免安全事故的发生。例如，家里的家具不免会有一些尖锐的地方，如桌角、茶几边角等，我们可以使用如图7-1所示的海绵防护物品进行改善，这样就可以避免家人不小心磕碰到桌角而受伤，特别能对小孩起到非常重要的保护作用。

图7-1 海绵防护

人类都有着自我保护的本能，在许多改变面前，人们第一时间想到的都是这个变化会导致什么结果，于是他们心里就会犯嘀咕：这玩意真的能起作用吗？会不会让我的利益受损？今后我能够继续胜任吗？经过一系列的心理斗争后，人们就会开始抵触改善。

喜欢冒险改变的人总是少部分，大部分人习惯生活在舒适区。去执行一个改善是需要非常大的勇气的。在谁都不知道这件事情改善之后的效果时，几乎只有小部分人，甚至就自己一个人砥砺前行，更多的人只会等着看热闹。

虽然改善是一件困难的事情，但是我们仍然需要有冒险的精神去尝试。请你一定坚信，改善一定是好的，即便是事情失败了，你也会有许多收获，正是这些收获，会让你和别人不一样。

安全改善三步曲

我们工作究竟是为了什么呢？不管您的答案是为了家人、为了金钱，还是为了实现自己的理想，这一切的前提都是需要我们能够健康地活着。只有我们健康地活着，我们才能努力工作，才能为企业创造价值，才能继续追逐自己的梦想。所以，安全一定是个人和企业最重要的事情。

在很多施工地都可以看到安全标语，例如“高高兴兴上班，平平安安回家”“安全第一，预防为主”等等。

曾有人把安全健康比做数字“1”，我们所得到的回报比作“0”。也就是说，在有着安全健康的基础上，我们越努力，才会有越多的收获，但如果我们失去了“1”，不管我们怎么努力，一切都是徒劳。

既然这样，我们就应该懂得如何保住自己的“1”。如果发现自己身边有危险源，我们不仅要懂得怎样做好预防工作，还要需要懂得如何消除危险源，如何针对它们去做一些改善，进而避免事故的发生。

安全改善的步骤和我们普遍所遵循的改善步骤完全相反。普通改善，我们需要由浅入深，由简单到复杂，由低层次到系统化，最后完成一个完善的改进。但是，安全改善一开始就要想尽方法从最高级别开始，然后使得安全事故发生的概率降低为零。如果一个游乐场里面的过山车只有99%的合格率，有1%的情况可能会发生脱轨事故，那么肯定没有人愿意去尝试，谁敢保证那1%不会发生在自己身上呢？

一、安全改善一步曲——物理预防

安全改善的第一步是物理预防。

通常我们会说，安全要以预防为主。实际上，我们这里所说的预防包括两个方面：第一个方面是人的主观预防，就是你知道过山车有问题，主动拒绝去坐过山车；第二个方面是物理预防，也就是通过物理的基于自然法则的预防方法，杜绝安全事故的发生。例如，要保证过山车绝对安全，就要让过山车的每一次运行都没有质量缺陷，过山车的设施有足够的能力保证不会发生事故，从物理层面杜绝事故的发生。说得更贴近生活一点，为了避免行人横穿马路发生交通事故，政府部门就修了人行天桥，让行人和机动车各行其道，碰撞就不会发生，这就是典型的物理预防。

其实，物理预防的根本就是将事故发生的概率降得很低，理想状态是零，同时也提供了一条将事故概率降低到零的途径。在企业里，对于安全隐患的改善，首先要考虑的就是能不能提供物理预防。物理预防的出发点就是保证员工不可能违规操作，即便违规操作了，也不会对员工造成伤害。比如，为了避免手被卷入设备，设备工程师安装了不可随意拆卸的安全罩，使员工没有机会把自己的手放进去，或者设计一套可以即时停止并回退的机械结构，手一旦接触到危险区域，传感器就会发出让机器自动停止工作的指令。这样一来，即便发生了违规操作，也不会对人造成伤害。很多时候，我们不能指望人，我们所能做的是，用自然界的东西尽量阻止人的行为的不确定性。

二、安全改善二步曲——被动保护

安全改善第二步是被动保护。

当无法通过物理预防的手段杜绝安全事故的时候，我们就只能选择保护好承受的主体，来实现被动防护。比如，我们不能阻止物体从高处掉落，于是选择佩戴安全帽，当有物体掉落而砸到员工头部时，佩戴的安全帽便能够减轻伤害，这就是被动保护。

被动保护是基于物理预防没有办法实现完全安全的情况下采取的措施。受限于科技水平、企业情况等诸多因素，如果企业短期内没有办法实现物理预防，那么应为配备足够的被动防护措施，以保护员工的安全。

三、安全改善三步曲——个人意识的转变

安全改善第三步是个人意识的改变。

从企业管理层的角度来讲，靠个人的安全意识来保障安全是最后一步，要求员工自己去注意各种危险，通过主动的行为避免事故的发生。从个人的角度来说，安全意识是每一位员工都应当具备的。因为客观的防护措施和手段再厉害，也敌不过人们的不以为然和漫不经心。就好比人行天桥，人要走天桥，天桥才能保证你100%不被汽车撞，但如果行人偏偏要横穿马路，那么安全的物理防御就会完全失效。我们可以修建天桥，但是改变不了你的思想，只有人自己提高觉悟了，才能让人类文明的产物发挥功效。汽车设计得再好，有防抱死制动系统，有安全气囊，有钢化玻璃，以后可能还会有更多的高科技，但这所有的一切都是被动保护，是减轻伤害的，不能从根本上杜绝交通事故的发生。只有司机具备优良的驾驶习惯和安全意识，才能降低事故发生的概率。

企业制定了安全规章制度，组织了安全知识培训，但是制度制定得再多，培训组织得再多，如果人没有足够的防护意识，这些制度和培训仍然起不了作用。所以，每一个人都必须有安全意识，每一位班组长都有责任去告诉班组成员要能够预知安全风险，了解安全知识，学习自救方法，在状况不明的情形下，不要轻易去做冒险的决定。

安全改善的策略

要将事故发生的概率降低至零其实是非常困难的，但是，这并不能成为我们放弃安全改善的借口。随着社会的发展，国家对企业安全审核的制度也越来越完善，零事故已经成为所有企业共同追求的目标。

在这里给班组长介绍一个实用的改善策略——POKA-YOKE（防错防呆）策略。它是由日本的质量管理专家、著名的丰田生产体系创建人新乡重夫（Shingeo Shingo）先生根据其长期从事现场质量改进的丰富经验而总结得出的。POKA-YOKE策略原本是用于获得产品质量零缺陷、免除质量检验的工具。随着工具的广泛使用，它同样可以帮助实现物理预防，避免安全事故的发生。

防错防呆，其本义即是防止呆笨的人做错事，即POKA-YOKE策略连愚笨的人也不会做错事的设计方法。试想，如果在我们的企业中，即使愚笨的人也不会做错事，那么事故发生的概率便可以降低至零，这便是我们努力的方向。

以下是防错防呆的10个原理，每个原理均会有案例说明，班组长可以根据原理及案例去理解和运用。

一、断根原理

断根原理是指，将会造成错误的原因从根本上排除掉，一般以不对称的形状、工具改善、排除等方法来防错。

笔者曾经在一家美国企业里工作过，他们对安全的要求相当高，可以说到了苛刻的地步。我们有一个工序是需要用刀片（见图7-2）将产品表面的附着物刮除。2017年的一天，一名员工未按照安全操作流程佩戴好手套就开始作业，手不小心被刀片割伤。

图7-2 企业里使用的刀片

这一安全事件当天就被上报到了美国总部，随即总部下达指令：三个月内，厂区内要不能见到刀片。这件事情落到了我的头上。一开始我设想了很多将刀片的刀口进行保护的装置，只有在使用的时候，刀口才会伸出一点点。但这个方案很快就被否决，因为这样做并没有完全消除刀片的存在，虽然使用刀片时有保护装置，但是不能排除员工在更换刀片时仍然面临风险。后来，在一位业内非常专业的老师的推荐下，我找到了一种可以通过适当加热来剥除附着物的自动工具，能够完成原来刀片的工作。在刚开始实施的时候，员工们其实对刀片的替代工具并不满意，想出种种借口，不想使用新的工具。但是我知道，我们只能接受这个更加安全的自动工具，不可能再回到以前使用刀片的年代，所以我想尽各种办法，让员工能够接受它。他们向我反馈效率低后，我就把自动工具进行改良，使其效率提高了两倍；后来他们又说更换零部件困难，我便拿出说明书，手把手地对他们进行指导。我对他们曾说过：“我宁愿花100个小时来陪着大家熟悉这个工具，也不愿意花1分钟的时间和你们讨论如何继续使用刀片。”

大概一个月之后，有些员工突然主动来咨询我关于自动工具的使用技巧。我感到很诧异，问他们为什么开始喜欢上使用这种工具。他们回答说，这个工具非常实用，可以100%保证他们的安全，并且以前他们用刀片工作时，需要集中注意力，干一天下来，肩膀特别疼。而这个自动工具完全解放了他们的双手，虽然短期来看，效率偏低，但是由于减轻了劳动强度，长期来看，反而大大提高了产出。

这样，我便使用防错防呆中的断根原理，彻底消除了刀片在企业里的隐患。既然刀片都不会出现在我们身边，那它又如何能够伤害到我们呢？这种方法就好比孙悟空用金箍棒给大家画了一个圈，将可能对大家造成伤害的所有危险源拒之门外，使其没有办法对我们造成威胁。

二、保险原理

保险原理是指，用两个以上的动作共同或依序执行才能完成工作，一般以共同、顺序、交互等动作来防错。

开银行保险箱时，顾客手中的钥匙与银行手中的钥匙同时插入钥匙孔，保险箱才能打开。这样能够避免因为银行或者个人某一方的意外，而造成财产损失。

这个原理在电影里也经常出现：每次核潜艇需要发射核弹时，两个官员需要共同拿出钥匙，分别插入两个不同的钥匙孔，核弹才能启动，这样便能够避免核弹“擦枪走火”。

在实际工作中，我们有很多操作设备也借鉴了这种启动方式。一般在冲压等工作点，均设置了如图7-3所示的启动开关。员工需要将双手同时按住按钮，设备才能启动。其原理也非常简单，只需要在原有的开关控制线上再接入一个开关按钮即可。有了这个装置，便可以避免员工不下心将手伸入设备而受到伤害。

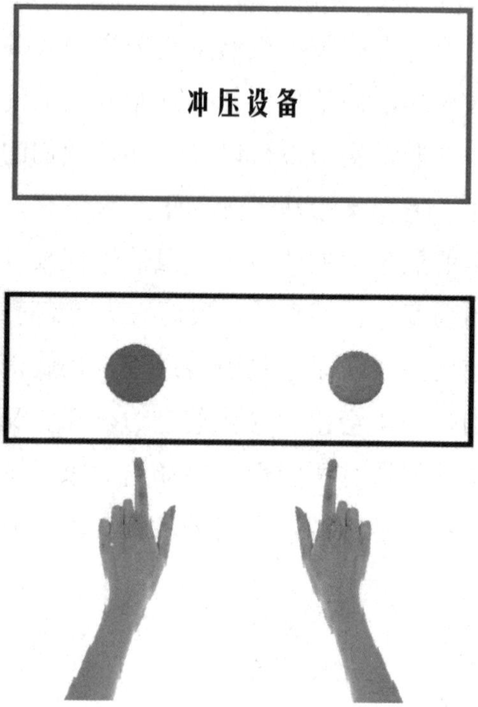

图7-3 冲压设备启动开关

如果我们工作中的设备本身存在高风险，而且需要员工在附件通过按钮操控，便可以利用保险原理来进行安全改善，比如，要求员工用双手进行操作，来完全避免意外的发生。特别需要注意的是，有的员工为了偷懒或出于其他目的，用胶带或其他物品将一个按钮固定住，使其一直处于接通状态，让自己只需要按一个按钮就可以进行作业。这种行为是绝对不允许的，需要立即批评改正。因为按钮一旦被不小心触碰到，意外接通电路，而员工的身体某部位此时还在设备里，就会造成伤亡事件。

三、自动原理

自动原理是指，以各种光学、电学、力学、机构学、化学等原理来限制某些动作的执行或不执行，以避免错误的发生。目前能够实现这些功能的产品非常普遍，常见的一般以浮力、重量、时间、方向等控制来防错。例如，自动补水装置（利用浮力），电梯超重停止工作（利用重量），闹钟（利用时间），单向阀门（利用方向）。

一个很好的运用自动原理的例子便是电梯。当过多的人和物进入电梯，超过电梯的负载时，电梯便会响起警报声，同时电梯门也无法关闭，这样便能够保证电梯运行时始终处于安全的负载范围内，从而保证乘坐人员不会因为电梯超载而受到伤害。

在平常工作中，我们最常见的利用自动原理进行安全保护的便是空气开关，如图7-4所示：

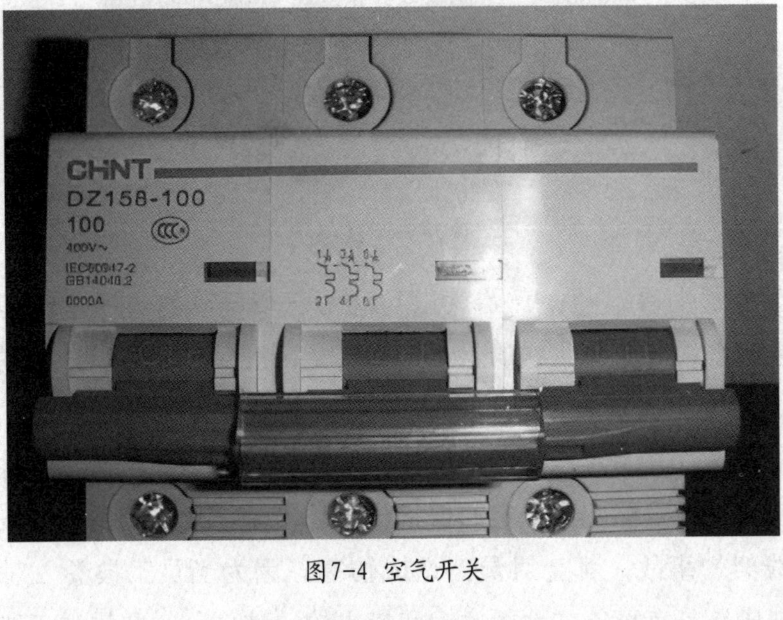

图7-4 空气开关

在正常情况下，空气开关内的过电流脱扣器的衔铁是释放着的，这时电流可以正常通过，一旦发生严重过载或短路故障时，与主电路串联的线圈就会产生较强的电磁吸力，把衔铁往下吸引而顶开锁钩，使主触点断开，实现断电。欠压脱扣器的工作恰恰相反，在电压正常时，电磁吸力吸住衔铁，主触点才得以闭合。一旦电压严重下降或断电时，衔铁就被释放而使主触点断开。当电源电压恢复正常时，必须重新合闸后才能工作，实现了失压保护。这样，当电路出现异常时，空气开关就可以自动断电，利用自动原理，实现了对人员和设备的保护。

很多做线缆的企业里都发生过将员工卷入到收线架（如图7-5所示）里的事故。

图7-5 收线架

事故发生后，企业开始意识到这是一个严重的问题，于是一般会在生产线缆时，将收线的盘子升到一定高度后，才可以开始卷绕生产。即使发生人员被卷入的事故，人员离地面有足够的空间，也不至于造成人员的死亡，等到班组其他成员发现发生事故，再将设备停止，这样做也能起到一定的保护作用。但是，只要发生员工被卷绕进收线架的事故，都会对员工造成伤害。因为当员工被卷入时，他的手或脚还是有可能与地面摩擦和撞击的，被卷入的肢体也可能发生勒伤，如果班组其他成员很久才发现这里发生了事故，那么受害员工已经随着收线架转了很长时间，他的内心一定很绝望，因为在旋转的过程中，他无法预料下一秒到底会发生什么，从而造成巨大的心理伤害。

因此，为了彻底防止事故的发生，电缆行业随后引入了一种能让设备自动停止的产品——安全光幕，如图7-6所示。

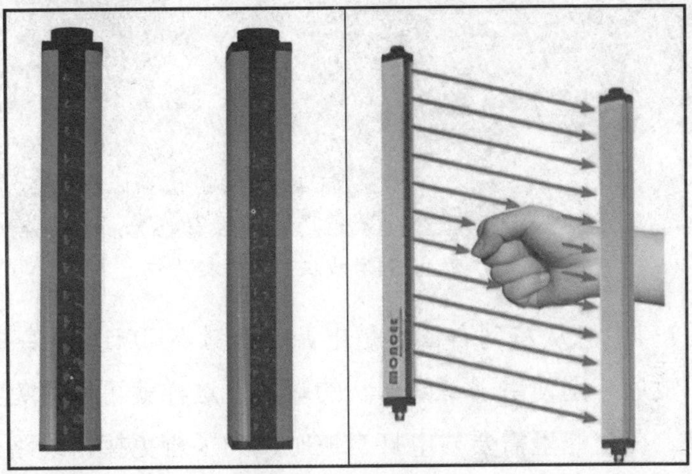

图7-6 安全光幕

安全光幕竖立安装在收线架两旁，实时进行监控，如果发现有超过线缆大小的物体进入收线架，安全光幕就会马上发送信号给收线架，使其停止运转。这样一来，即使有员工不小心被线缆卷入，收线架就会立刻停止运转，员工便不会随着收线架一起旋转，而会静止在原地。接下来，他只需要稍稍往后回转，或者把被挂住的衣物扯出即可。这样就使用了自动原理，完全保证了员工的安全。

四、相符原理

相符原理是指，用检核是否相符合的动作，来防止错误的发生，一般依形状的不同、符号指示、数量指示、声音等方式来防错。例如，医生在手术前后必须点核相关工具的数量，以免有工具遗留在人体内。

图7-7是索尼PS4游戏机的各种接线口。

图7-7 索尼PS4游戏机的各种接线口

在图7-7中，从左到右依次是电源、音频、HDMI和网络接口。可以看到，索尼分别使用了不同形状的端口，这样就可以避免我们在接线时接错。在企业里需要与电打交道时，为了避免接错线路，发生短路或电弧等危险情况，可以考虑用这种方法，做一些不同形状的端口来避免事故的发生。

不过，很多时候，接口都是有标准的，我们可能很难去改变，那么我们可以学习一下摩托罗拉公司针对USB接口的做法，如何在不改变标准接口的情况下，改变其他部位进行防呆的设计。

大家都知道USB接口在前几年“反人类设计”评选中接连上榜，现在才逐渐被可以正反插入的苹果Lighting接口和新的Type-C接口取代。不过，在Lighting和Type-C推广之前，摩托罗拉为其产品配备了USB接口，如图7-8所示。

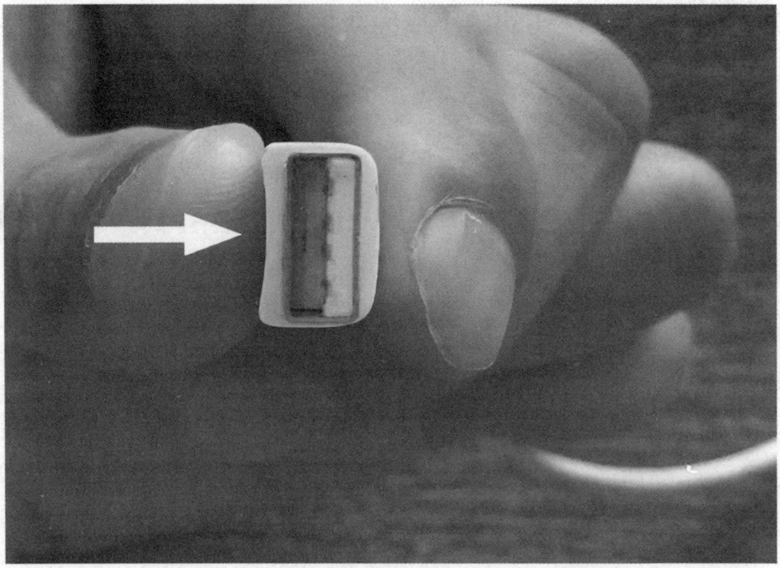

图7-8 摩托罗拉为其产品配备的USB接口

我们再看看普通的USB接口，如图7-9所示。

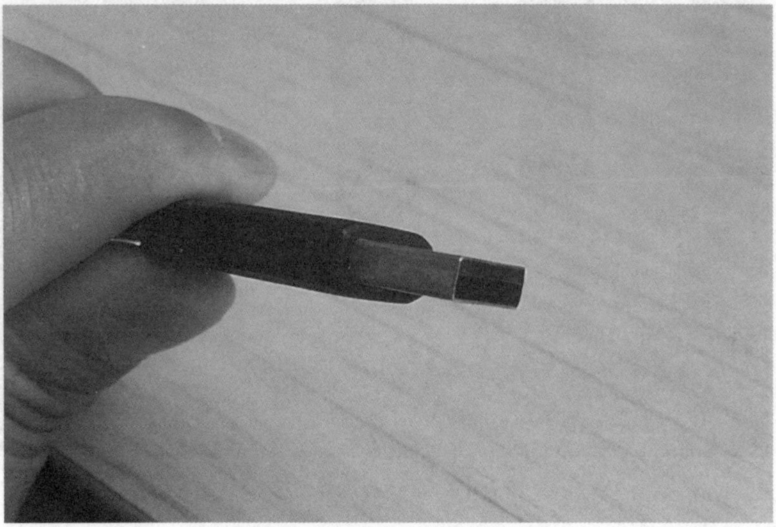

图7-9 普通的USB接口

在还没有办法取代USB接口的时候，摩托罗拉生产的USB手持处做了一个圆弧，用以贴合大拇指的弧度，使得用户在使用时，通过拇指的感知，无须特意查看USB的正反面即可使用。虽然USB插反了并不会带来安全事故，但是试想，如果这是380伏的动力电源呢？

五、顺序原理

避免工作顺序或流程前后倒置，依编号顺序排列，可以减少或避免错误的发生。这种做法便遵循了顺序原理。

例如，企业要求员工必须穿戴劳保用品再进入车间，那么就可以通过将各个车间所需要的劳保用品编号后，放在合适的位置，员工进入车间前按照编号将劳保用品全部佩戴即可。同样，操作大型危险设备时，也可以利用编号的方式，让员工按照既定的标准顺序进行操作，以免出现事故。

图7-10是一个公司里DCC（Document Control Center，文件控制中心）的文件柜。

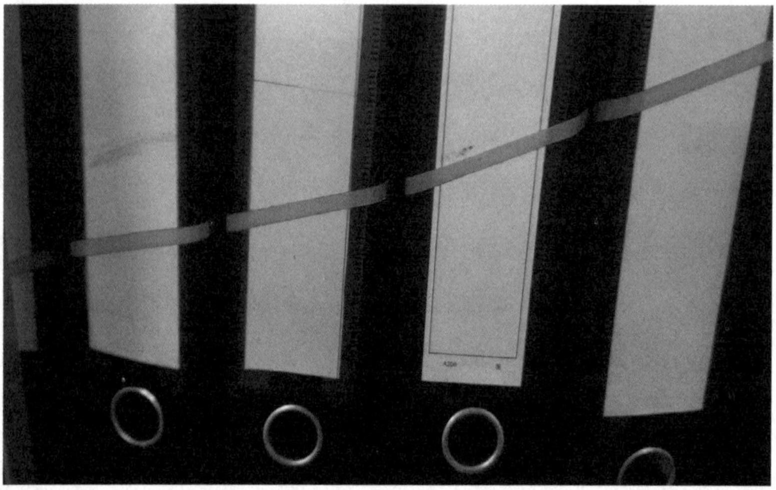

图7-10 某公司DCC文件柜

可以看到，他们使用了一条斜杠标记在文件夹上面，这样不管是谁取用了文件后，都可以准确地放回到原来的位置，不会造成文件的随意乱放和管理失控。这样不仅提高了我们的工作效率，同时如果有文件发生了丢失，相关人员也可以很快发现，并采取相应的措施，保证文件处于整洁有序及受保护和控制的状态。

每个人不管是自己小时候，还是和自己的孩子一起玩耍时，一定都装配过玩具。在玩具的安装过程中，参考说明一步一步完成整个装配的过程，就遵守了玩具商提供的一个“顺序原则”的防错机制，如图7-11所示。

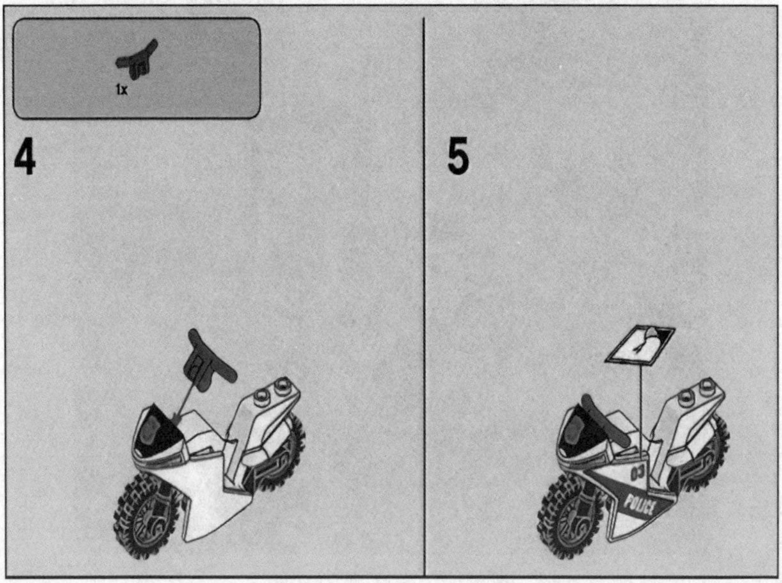

图7-11 玩具装配步骤

图7-11是一个乐高玩具的装配过程中的两个步骤。可以看到，在这两个步骤左上方都标注了数字，以此提醒“作业人员”在操作的过程中，需要优先执行第4步，再进行第5步的装配。为什么需要这样做呢？原因其实很简单，因为如果不按照顺序进行先后装配的话，可能会导致后面的部件的安装位置被占，后面的部件无法正常进行安装。这也是一个生活中常见的应用顺序原理机制的体现。

六、隔离原理

隔离原理亦称保护原理，是指用分隔不同区域的方式来保护某些区域，减少错误的现象发生，如将坏人抓入监狱、将不良品隔开等。

图7-12所示物品的名字叫作AGV（Automated Guided Vehicle，自动引导小车，是一种装备有电磁或光学等自动导引装置，能够沿规定的导引路径行驶的小车）。

图7-12 充电中的AGV

AGV是我在一家公司工作时，一个团队所完成的项目。这种车具有很高的自动化程度，能够按照既定的程序进行点对点的自动运输；在电池电量低时，又可以自动到充电区进行充电。在这个项目的进行过程中，团队成员向我请教：如何保证在AGV充电时的安全？他们告诉我充电原理为：该AGV采用地面式充电，当AGV需要充电时，发出充电信号并驶向充电区，在车身底部电刷接触到地面充电点位时，充电桩开始工作，对AGV进行充电。

结合充电工作原理，我便在AGV充电区设置了隔离用的栏杆。这样就可以保证AGV在充电时，不会有人员误入而带来风险。

其实，因为AGV在工作中是处于无人监督的状态，各项指令都是通过程序来完成的，所以这一台AGV上运用了很多的防错防呆机制。例如它配备有激光扫描仪，如果在运行过程中探测到障碍物时，它会主动停止，这便运用到了自动原理。为了确保激光扫描仪能够全方位探测周围物体，AGV也不会因为某一个扫描仪失效带来风险，因为车身中安装了三个扫描仪，并且使用两个程序对其是否正常运转进行监控，这便是后面会介绍到的复制原理。如果有异常时，车辆会进行声光报警，提醒人们它处于异常状态，非相关人员不得靠近，需要立即派出专业人员进行处理，这便运用到了后面会介绍到的警示原理。

案例

2017年11月，四川双流发生了一起吊车侧翻事故。吊车将路上正在行驶的丰田汽车压成了两截，导致两名成人死亡。事故现场如图7-13所示。

图7-13 吊车侧翻事故现场

可以看到，施工现场有采取打围隔离的措施，但是并没有考虑到设备的倾倒所带来的危险区域扩大，因此没有将外围的路段一并进行打围施工。最终吊车倾倒，导致一辆正在正常车道行驶的小轿车被砸中，造成了事故的发生。

如果在施工时，正确识别隔离范围，包括吊车倒下的区域，那么这一悲剧便不会出现。在使用隔离原理时，我们应当正确识别需要隔离的区域，否则一旦发生会波及隔离范围以外的事故时，所采取的隔离手段便形同虚设。

同样地，企业里也不免会有类似的重型设备进行吊装作业，如果是外部供应商进行卸货，那么相关人员应该及时提醒他们在正确的安全距离处打围，作业期间禁止人员进入，以保障员工的安全。

在日常生活中，也有很多实用的隔离原理的使用例子，例如火锅。

图7-14所示的一种火锅叫作鸳鸯锅：这种锅在中间有一个挡板，可以将锅一分为二，一边煮辣的汤料，一边煮不辣的汤料。通过隔离原理的应用，人们满足了对味道的需求。

图7-14 鸳鸯火锅

这里再分享关于重庆火锅的一个历史故事。最早的重庆火锅是如图7-15所示的。

图7-15 早期的重庆火锅

锅里通过横竖四条挡板，将整个锅分成了九个部分，被大家称作“九宫格”火锅。而“九宫格”是怎么形成的呢？因为在早期，物资匮乏，经济比较落后，一个人去吃一整个锅的话，需要支付全额的火锅底料钱，显然太过于奢侈。而由于那时候重庆朝天门人流较大，开火锅店的小贩们为了让陌生人都能够坐到一起吃火锅，便将锅用格子隔开，客人吃一个格子，只付一个格子的钱，同时又由于格子只隔离了食材，底部并未完全隔离，使火锅的汤汁仍可以在格子间流通，保证了味道的一致性。渐渐地，这一吃法便流传开来。随着时间的推移和中国经济的发展，一个人吃一整个锅也成为可能，但九宫格的传统在部分火锅店依然保留。

可见生活中也有很多地方运用了隔离原理。班组的工作中也可以运用这一原理，例如，危化品隔离存放、对处于危险作业的施工区域进行隔离等，以保障大家的安全。

七、复制原理

同一件工作，如需做两次以上，最好采用“复制”方式来完成。

复制原理一般通过拓印、口诵、复写、复诵等方式来防错。

快递的出现改变了我们的生活。以前有什么东西需要带给家人，都需要托人帮忙携带。随着快递的出现，物品的传递变得非常方便，人们足不出户就可以实现购物。随着互联网技术的发展，快递单也逐渐由以前的纸质形式变为电子形式，只需要在快递公司的系统内填写收、寄件人的信息即可，无须再用手写。现在寄快递的流程是：收件人通过社交软件发来地址和联系方式等信息，寄件人通过使用复制，粘贴的方法完成相关信息填写，快递员收到指令后上门取件，即可完成快递的寄出。如此一来，在填写信息的过程中便通过复制的方式完成了寄快递信息的填写，不仅避免了以前在手写快递单时看错或写错信息的可能，而且大大地提高了效率。电子快递单见图7-16。

图7-16 电子快递单范例

另外，如果与财务部门经常打交道，我们会发现财务部门的很多票据也采用了复写方式，见图7-17。

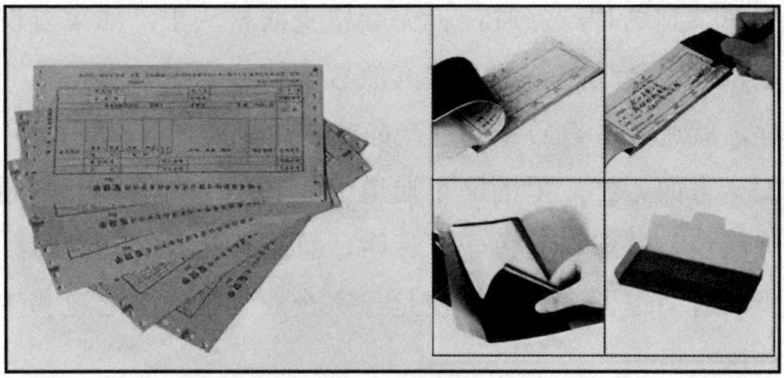

图7-17 财务部门采用的复写工具

八、层别原理

层别原理，一般是指以线条之粗细、不同的颜色来代表不同的意义来防错的方法。这个是比较容易理解的，比如，工厂里一般都设有待处理区，即有质量问题的产品临时冻结时，要放在专门的待处理区，完成处理后，才能够放行使用。待处理区一般会用不同的颜色进行标识，当然也可以采用在有质量问题的产品上贴上具有“警示”作用的颜色标签。这种所采用的颜色标识即为防错防呆的层别原理。图7-18所示便是使用颜色标签将线材头子粘贴，表示质量存在问题的一种案例。

图7-18 具有“警示”作用的颜色标签

员工在拿到这种产品时，首先会检查线材头子，如果发现相应的颜色标签，便不会使用，并会将其放置到待处理区，等待下一步的处理。这样，就避免了有质量问题产品的误用。

在安全方面，工厂里的叉车通道一般也是专用的。叉车通道会使用不同的颜色，一般以亮色予以标明，意味着这里存在风险，员工不能在这里长时间逗留。图7-19便是一家企业为了区分通道和生产区域所进行的层别标识。

图7-19 区别通道和生产区域的层别标识

图7-19的左边是员工的作业区域，右边是员工通道，中间使用了粗黄色线条予以区分，让员工很清晰地就知道作业区域和通道区域，生产设备的摆放也不会超出黄线，员工在通道走动或运送原材料，也会注意不超过黄线的区域，这样就避免了很多潜在的安全风险。

在我们生活中，有一个层别原理最多的应用：斑马线。在城市各个路口设置的斑马线，就是交警们使用层别原理来保障行人安全的案例之一。有的大型企业，例如化工厂、钢铁厂等，也会在厂区内设置斑马线，要求自己的员工通过路口时，必须走斑马线。图7-20所示便是一家企业的员工正在通过企业内部斑马线的情景。

图7-20 某企业内部设置的斑马线

通过层别原理，将不同区域用颜色进行不同意义的分类，并对员工培训到位，在大家都遵守规章制度的前提下，我们就可以实现使用层别原理的防错防呆。

九、警告原理

警告原理是指，如有不正常的现象发生，能以声光或其他方式显示出各种“警告”讯号的方法。例如，当冰箱门没有完全关好时，冰箱会发出警报声。现在使用天然气的灶具，在火焰意外熄灭后，也会发出警报声。地铁也使用了类似的原理，在关门的时候也会发出警示声，以提醒乘客注意不要被门夹到。

在企业内，如果空间里存在有毒气体泄漏的可能，我们应该配备相应的实时监控报警设备。可以使用类似图7-21所示的声光报警装置。

图7-21 声光报警装置

我所知道的一家企业在生产中需要用到盐酸作为原材料。该工序是完全隔离的，易挥发的盐酸会通过专门的管道排出。但是，盐酸的输送管道如果破裂，就有可能污染车间，带来安全隐患。因此，这个使用盐酸的车间都配备有检测设备进行实时显示，如果检测到车间内盐酸含量超标，便会报警，提醒车间员工马上疏散。当然，定期的疏散演练是必要的，否则员工听到报警也会无动于衷，那便失去了以报警音来进行防错的意义。

随着现在社会的进步，人们对安全越来越重视，在汽车中也慢慢地添加了非常多的安全模块，其中一些模块采用的便是防错防呆中的警示原理，如图7-22所示的汽车变道辅助系统。

图7-22 汽车变道辅助系统

图7-22中车辆的后视镜里的所显示的指示灯，便是车辆变道辅助系统的提示。因为汽车后方有一个视野盲区，所以车辆在变道的时候就容易产生危险。变道辅助系统采用雷达传感器检测后面盲区接近的车辆，并通过后视镜内的指示灯报警提示，起到提醒驾驶员的功能，以保障行车安全。另外，一些配置较高的车辆还可以通过方向盘震动来提醒驾驶员未系安全带、变道未打转向灯、疲劳驾驶等，这些都是通过警示原理来提醒人们要进行安全操作，避免置身于危险中。

十、缓和原理

缓和原理是指，用各种方法来减少错误发生后所造成的损害，虽然不能完全排除错误的发生，但是可以降低其损害程度。

例如，我们收到快递后，拆开包装，会发现里面垫有泡沫或空气袋等缓冲物品，用于避免产品受到损坏。汽车的安全气囊也是在千钧一发之际起到缓和作用的，从而保护司机和乘客的安全。

案例

一家工厂换了一批新的叉车，有一位叉车师傅开着这种新的叉车正在成品堆场里发送成品。堆场中有一个排水沟，上面铺着水篦子，如图7-23所示。

图7-23 排水沟上面铺设的水篦子

因场地上的水篦子年久失修，在叉车通过的一瞬间，车轮碾过的水篦子突然断裂，导致叉车失去重心侧翻。不幸中的万幸是，该叉车师傅严格遵守了驾驶规则，系好了安全带，在叉车侧翻时，他没有被甩出去，而是牢牢地固定在了座位上，对冲击进行了缓和，保护了自己。虽然说叉车师傅受到了些许惊吓，但是如果他没有系安全带而被甩出车外的话，就有可能被倒下的车架砸伤，后果不堪设想。

绝大部分劳保用品都使用了缓和原理来对作业人员进行安全保护。例如安全帽是对高空坠物的缓和，劳保鞋是对物品砸到脚的缓和，耳塞和护目镜是对可能造成耳朵和眼睛伤害的危险进行缓和。正确地佩戴劳保用品，就是通过使用缓和原理对自身进行保护，确保自己的安全。

以上便是安全改善策略的10种方法，希望班组长能够知晓掌握，并运用到实际工作中，通过不断改善来降低企业存在的安全风险，提高企业安全管理水平，向着零事故的目标不断前行。

人的行为模型与危险模型

一、人的行为模型

通过前面的章节，我们可以看到，安全与人息息相关。有的安全改善即使做到了防错防呆，但仍会给员工造成一些惊吓或者伤害。例如，员工可能因为前一天晚上没有休息好，仍然不小心被收线架夹住，即使有安全光幕的保护，员工仍不可避免地会受到惊吓和皮外伤。按照安全改善策略看来，我们首先应该去做更加全面的物理防护，有可能的话，在该区域完全隔绝员工。但是，在目前不是所有企业都完全实现自动化的情况下，这个改善还无法实行，我们仍需要员工在作业现场进行工作。从目前来看，只能采用安全光幕或其他的一些防错手法以确保安全。因此，在现今工业水平下，在有基础的安全保障措施的情况下，我们需要适当地去研究一下员工的行为模型，从员工的行为角度加以避免事故的出现。

在一般情况下，人的身体状况和心理（心情）状况决定着人的行为，当前的动作表现将会展示出你的身体和心理状况。例如，曾经有人做过实验，在玩一个游戏时发现，他在晚上8点左右玩的胜率一般是60%；在凌晨2点玩的胜率就只有30%～40%。得出的结论是：随着时间的推移，人的身体逐渐疲劳，反应开始变慢，出现错误的概率就会增加，所以输掉比赛的次数就会增加。同时，因为连着输掉比赛，他的心情也变得低落，这又增加输掉比赛的概率。最终，在经历多次

“凌晨失利”后，他决定以后还是按时入睡。

针对以上事例可以得知，人的身体和心理（心情）状态对人的行为有着主导作用。根据身体和心理（心情）对人的行为影响，可以得到如图7-24所示的身体和心理（心情）状态好坏的四象限模型。

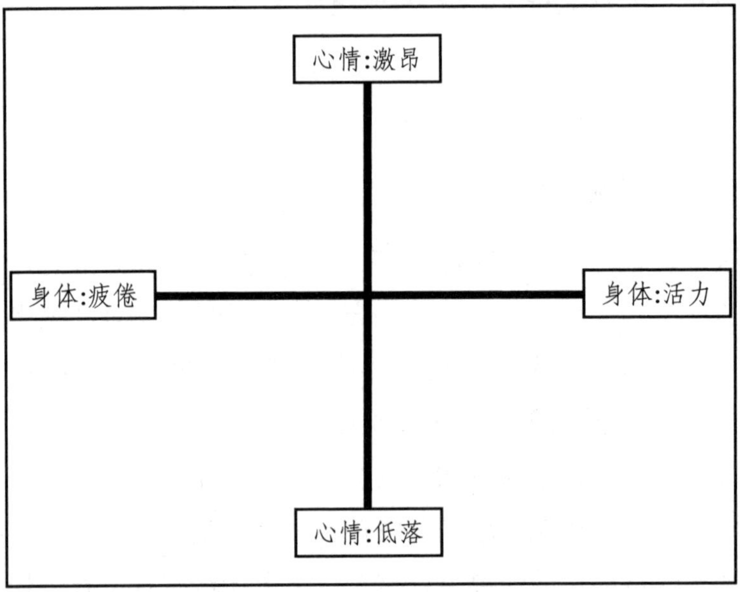

图7-24 身体和心理（心情）状态的四象限模型

由图7-24可以看到，每个人当下的身体和心理状态都可以囊括在这四个象限中，而且同一个人，即便是完成同一个工作，当其处在不同的象限所示状态下时，都会给工作带来不一样的结果。

为了更加详细地分析人的身体和心理（心情）状态与行为的关系，我们可以结合实例对上述四象限进行更详细的描述和完善。试想，如果一个人正好某天精神饱满，活力充沛，心情也特别好，又会导致什么结果呢？

高中的时候，相信大家的身体都特别好，可以天天百米冲刺的速度到食堂抢饭。三年寒窗苦读，高考结束后，大家都特别高兴。这时候，考生们的身体和心情都处于极佳的状态，所以几乎年年都会在高考结束后，出现和高中生相关的某些事故：有的人喝完酒和别人打架，有的人下河游泳被淹……

所以，当一个人情绪特别高涨、身体充满活力时，他会无视周围的环境，且易于冲动。当处于这种自满状态时，危险已经渐渐向你在靠拢了……

当一个人身体充满活力，可是心情异常低落时，他会散发出很多负能量，会变得沮丧和低落，从而导致一些事故的发生。

案例

2018年11月，韩继华驾车路经某小学将多人撞倒，造成6人死亡、20人受伤。2019年7月9日14时，辽宁省葫芦岛市中级人民法院依法公开宣判被告人韩继华以危险方法危害公共安全一案，认定被告人韩继华犯以危险方法危害公共安全罪，判处死刑，剥夺政治权利终身。后经审理查明，被告人韩继华这样做是因人际交往、经济压力、夫妻矛盾等生活琐事产生低落、消极的心理，才预谋驾车撞人。

以上案例是一种沮丧的状态。

当人的身体处于疲倦状态时，他对周围事物的反应会变得缓慢，这也是国家要对疲劳驾驶严加管控的原因。《中华人民共和国道路交通安全法实施条例》第六十二条第七款之规定：不得有连续驾驶机动车超过4小时未停车休息或者停车休息时间少于20分钟的行为，对违反法律规定的，公安交管部门可依法处罚；

《道路交通安全违法行为处罚及记分标准》中规定：“连续驾驶机动车超过4小时未停车休息或者停车休息时间少于20分钟的，将被罚款200元、扣两分。”

从对疲劳驾驶的惩罚中不难看出，在疲倦的状态下去做事情，是容易犯错的。所以，我们可以得到如图7-25所示，关于人的自满、沮丧和疲倦的行为模型。

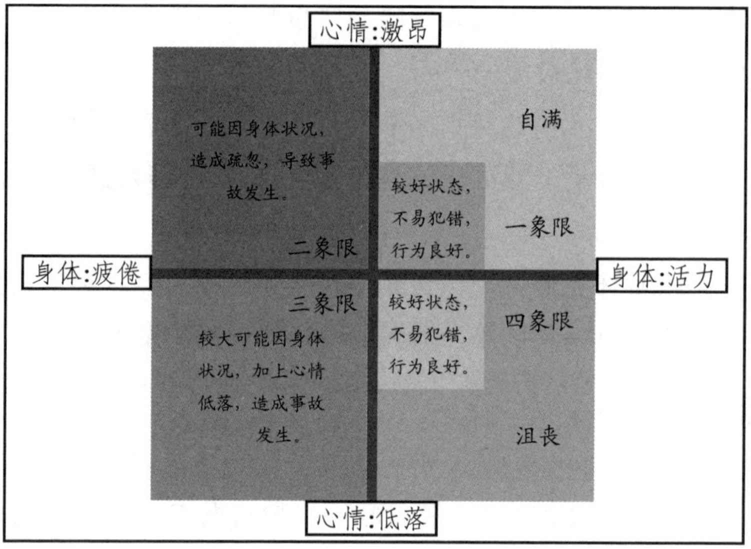

图7-25 关于人的自满、沮丧和疲倦的行为模型

以上行为模型涵盖了班组工作中员工们的行为状态。根据以上行为状态，我们可以很方便地辨别班组成员当前正处于哪一个区域，伴随哪些风险，容易出现哪些安全事故，应该采取怎样的一些措施进行防护等。比如，有的“老司机”就很可能会在第一象限的右上角，展现出自满的状态。在这种情况下，他们有可能会犯下一些小的错误，例如划伤手指、被绊倒等等。

另外，根据人的行为模型还会造成一种间接性的伤害。例如，某人是做机械非标定制工作的，那一天他的身体充满活力，可是一大早坐车时被偷了100块钱，以致心情比较低落。有可能在工作中，他会忘记将正在制作的产品的某一个部位打磨，存在割手的风险。但是他的运气比较好，没有受到伤害。然后货品正常包装，发送到了客户那里。客户收到货品之后，按照正常流程拆开包装准备搬运至目的地使用。可是在安装的时候，安装工人不管处于什么行为状态，都是有可能受伤的，只是可能在状态较好的时候，会发现产品的危险和不足，从而避免受到伤害。但是像这种由别人的行为缺陷带来的危险，也是在人的行为模型之下所产生的危险。

这时，班组长就可以根据员工的身体和心理状况，给不同的员工施以针对的警示，甚至采取防护措施。处于自满状态时，员工可能会“铤而走险”，例如在处理一个小事情时，认为可以很快处理而没有正确佩戴防护用品。对此，班组长需要予以提醒和监督，无论任何情况，他都必须按照企业要求佩戴防护用品。在员工处于沮丧状态时，班组长需要对其进行适当的疏导和与其沟通，确保员工在工作中能够保持积极的心态。适当时机应当进行团队建设，班组长可以通过团队建设时与员工交心，从而了解员工近期的生活和工作心理，进行针对性的帮助，以加强员工对工作的积极性。在发现员工身体处于疲惫状态时，班组长应当进行劝阻，并提供适当的帮助，例如让其进行短暂的休息，同时提提醒班组成员，尽量不要熬夜，保证充足的睡眠，以确保第二天工作的顺利进行。

二、危险的类型

对人的行为模型有了一定认识之后呢，我们再对可能发生的危险进行一些学习和分类，这样就可以针对相应的危险，进行相应的正确的防范。

危险的类型，可以分为三类：有意识，故意的行为；习惯性的，自发的行为；非故意性的，操作错误行为。

对于第一类危险，非常难以控制，俗话说“害人之心不可有，防人之心不可无”，如果有人心生“杀意”，故意要来伤害你，那是很难避免的。想想当年的荆轲，当一个人下定决心要去刺杀秦王时，层层防卫也是没有用的。这里需要提醒大家的就是，要认真真诚对待周围的人，遵守承诺，脚踏实地完成该做的工作。同样，这一类危险还包括自杀。现代社会随着压力越来越大，学会如何调节自己和释放压力也是非常重要的一门功课。以上都是属于有意识而制造的危险，因为这一类的危险源相对少见，所以在此不再累述。

对于第二类危险，人们大多数情况下还不知道自己已经处在危险之中。人们对司空见惯的事情中存在的危险，很难谨记在心，除非已经亲身经历过危险。每个人都知道过马路时需要做到“一停、二看、三通过”，但根据调查显示，90%以上的人都有过直接穿过马路的危险举动。同样，在班组日常工作中，身边一定有许许多多被大家忽视的危险源，例如，有的企业可能存在着随处可见的刀片，有的企业可能存在较多的热源，有的企业可能存在高空坠物的风险等等。由类似情形造成的危险，便是属于第二类：习惯性的，自发的行为。该类危险的难点在于，人们很容易将其忽视，往往在事发之后才能够警醒，再对相应的危险源或行为进行控制和整改。读者在看完本书后，通过使用上一章介绍的方法，便能够提升对这一类危险源的辨识能力，同时完成一些相应的整改。

第三类危险，一般为突发情况，有可能是因为平时大家都习以为常后，放任它的存在而产生的。例如，人们在操作机器的时候，有可能出现误操作，因而引发危险。抑或有人在使用冲压机时，因为没有防护门的保护，或是只有一个启动按钮，导致员工不小心将身体的某个部位置入冲压范围受到伤害。因为前期人们很少意识到这一类危险，并且认为这是很正常的操作，因此此类危险具有突发性。在出现多次类似事故后，慢慢地我们开始使用安全防护罩或双按钮同时启动等POKA-YOKE的方法来避免这一类事故的发生。这一类危险都是因为非故意性的操作失误所带来的，造成的伤害可大可小。因此在进行危险系数较高的作业时，我们千万要小心行事。

至此，便可以得到如图7-26所示，关于人的行为和危险类型的最终模型。

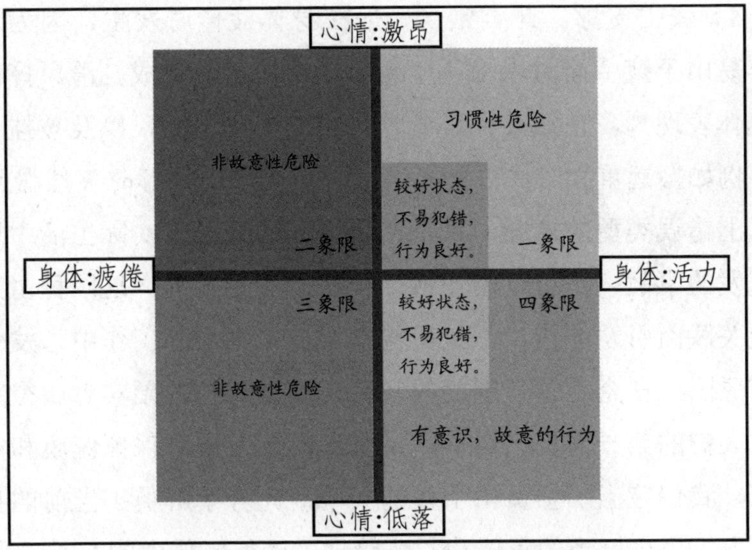

图7-26 关于人的行为和危险类型的最终模型

根据以上模型中的几种行为状态，结合日常活动中出现的危险行为和事故，我们将其引发的错误归纳整理为以下几种：

（1）没有看仔细。此类错误一般在心情比较低落和身体疲倦时产生。因为人在这时候容易精力不集中，对周围的事物的状态不敏感，或反应迟钝，但不排除心情激昂时也会表现出此类行为。一般表现为，没有用感官检查四周，可能产生踩空、走路撞到电线杆、掉入坑里等等。

（2）心不在焉。此类错误一般在心情低落时产生的。在此状态下，人们容易变成一个“马大哈”，因一心多用而顾此失彼。具体表现为，没有危险意识，未能集中精力在当前的事情等，例如，开车玩手机引发车祸等。

（3）危险情况。此类错误一般在身体充满活力时发生，再根据心情不同发生习惯性的危险行为或故意的危险行为。具体表现为，将自己置身于危险的处境中，让自身或他人容易遭受危险的伤害，例如横穿马路、长时间处在噪声较高的地方而未佩戴防噪耳塞等。

（4）失去支撑。此类错误一般在身体疲倦时发生，因为这时候人们容易由于疲劳而对周围环境判断错误，从而造成打滑、摔倒等事故。具体表现为，在做某件事情时，突然失去平衡，以及被挂住或被夹住，例如搬运重物时失去平衡造成人员受伤、步行时突然滑倒等。

以上错误类型的情况，只是初步简单的分类，实际生活中这四种错误引发的事故，是可以由任何一种状态而触发的。这四种由人的行为模型关联而引发的错误，几乎包含了日常生活和工作中，发生事故的所有原因。在企业管理制度的完善、安全防护的硬实力做得越来越全面、人们的第一需要已经从满足生理需要发展到保证健康和安全的趋势下，我们应当加强员工个体的关心，充分了解员工当前的身体和心情状态，提供恰当的身体和心情管理，确保工作中的万无一失。

企业和班组长可以通过以下方法提高员工身体和心情状态。

三、身体管理

俗话说，身体是革命的本钱。有个健康的身体对生活和工作至关重要。企业可以为提高员工身体素质采取以下措施：

1.加强员工身体锻炼

网络上有人经常说，随着年龄增大，他们渐渐地就不能熬夜了，所以拼不过刚步入社会参加工作的年轻人。在这言辞中，我们可以看到，有着强健的体魄仍是支撑一个人工作拼搏的基础。因此企业可以根据自己的特性，通过以下三个方面来提升员工的身体素质：

（1）建立属于企业自己的健身房，鼓励员工下班或空闲时间去健身房进行锻炼。该方法适用于使用电脑办公人员较多的企业。

（2）建立企业的兴趣爱好小队，并给予小队适量的费用支持。员工通过自己的兴趣爱好，组建或加入各种体育运动小队中，与兴趣相投的人一起运动。这些运动可以是羽毛球、乒乓球、篮球、自行车等体育项目，活动时间一般可固定到周三下班后和周末。团队的体育运动，不仅能锻炼身体，而且能增强员工间的交流，是非常值得的一项举措。

（3）倡导员工自己进行身体锻炼。企业可以每年举办趣味运动会，并对获奖员工进行物质奖励，以激发员工锻炼身体的热情。

2.避免工作对身体造成伤害

工作中可能存在许多能够造成人体伤害的风险，这就是常说的职业病。相关的职业病防护详情可以参考本书第四章。这里针对如何减少职业病对身体素质的伤害提供以下方法：

（1）每天做广播体操。企业可以要求员工每天定时做广播体操，以达到减少员工因久坐、长期保持一个作业姿态而造成的身体伤害，还可以达到缓解疲劳、提高员工工作效率的目的，特别适用于大批量手工制造型企业。

（2）提供有效的劳动防护。在有噪声、高温等高风险作业区域，提供并要求员工正确佩戴劳动防护用品，以防止长期接触给员工身体带来不可修复的损伤。

（3）提供必要的作业工具。在员工作业过程中，难以避免会有重物的搬运，或使用较危险的工具，如刀片等。对此，我们可以提供相应的工具以辅助员工完成作业，例如提供手动液压车进行重物的搬运，避免员工在搬运过程中造成腰部损伤；使用不会造成伤害的安全工具，以及使用自动化代替原有需要使用危险工具的操作等。

（4）作业过程使用的工具符合人机工程。人机工程是一个专门学术研究，符合人机工程设计的工具一般具有以下特征：与人体的尺寸、形状及用力配合较好；使用顺手且方便；能防止使用者操作时意外的伤害和错用时产生的危险；便于清洗、保养及修理。例如，站立工作时，工作面的高度决定了人的作业姿势。工作面过高，人不得不抬肩作业，可引起肩、背、颈部等部位疼痛性肌肉痉挛。工作面太低，迫使人弯腰弯背，引起腰痛。站立作业的最佳工作面高度为肘高以下5～10cm。男性的平均肘高约为105cm，女性约为98cm。因此，我们要按人体尺寸考虑，再根据不同作业内容，制作适合作业的工作台面。符合人体工程的作业台面可参考图7-27。

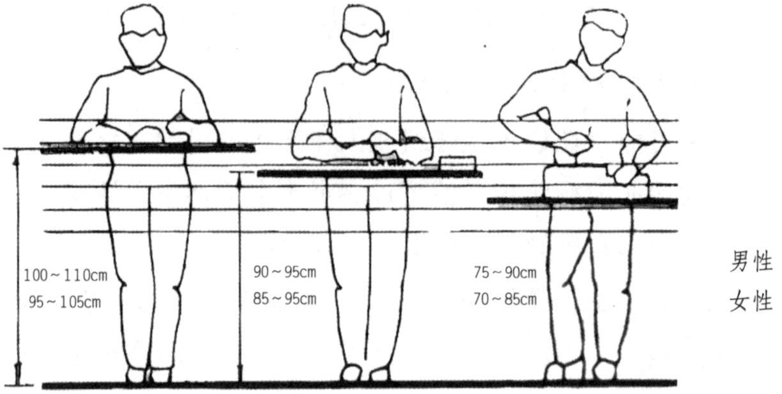

图7-27 符合人体工程的作业台面

四、心情管理

人的心情是其心理活动的外在表现，对人的行为有着直接作用。一些调研证明，企业员工的情绪好坏，与企业的安全生产有着莫大的关系；事故的发生或避免，大都与企业成员心理情绪有着直接或者间接的因果关系。因此，如何指导克服员工不良心理情绪，树立良好的心理情绪，是确保安全生产不可或缺的重要环节。对此，企业和班组长可以采取以下措施，对员工心情进行调节和改善：

1.认识员工情绪在班组安全管理中的作用

班组长需要正确认识员工情绪会对安全生产起到重要的作用，因此，在发现员工心情朝不好的方向发展时，需要给予及时调节，在工作中也需要积极正面引导员工心情。利用培训或其他契机，让员工学到一些情绪管理的知识和技巧，让班组成员都能够懂得如何调节心情，如何释放压力。否则，当员工长期处于负能量的心情时，就会开始抵触安全生产，从而导致事故的发生。

2.创造和谐工作环境

心情在人与人之间是可以传播的，班组长需要努力营造一个和谐的工作环境。如果一个人心情不好，消极怠工，可能会与周围的人发生口角争执，这时候就会让危险有机可乘，发生事故。我们应该在工作中互帮互助，建立信任，同时利用工作之余，进行团队建设，或通过微信等社交工具，增加员工之间的交流，以便同事之间能够更加了解，在工作中更好地协作，就算发生争执，也会在事后第一时间“不计前嫌”，保持认真的态度对待工作。

3.倾听员工心声，改进不足

现在很多企业都会定期对员工进行调查问卷。在问卷内容中，我们可以增加一些关于员工对企业和周围同事关系满意度的调查，对收集到的回答进行分析，并针对员工抱怨比较多的地方进行改善，并及时告知员工，让员工在工作中获得归属感，提升员工士气，让员工能够高高兴兴上班，平平安安回家。

以上便是改善员工身体和心情的一些方法。班组长可以根据实际情况在工作中加以运用，让员工保持身体健康、心情愉悦的状态，实现企业的安全高效运行。

五、危险模型

在有了前文介绍的危险类型之后，我们还需要将危险级别进行定义。在这里，我们可以直接使用海因里希法则，如图7-28所示。

由图7-28我们可以看到，危险的级别是按照金字塔的形状展现的。如果发生了一起死亡事件，那么在此之前，肯定有约29起重伤发生，约300件可记录的伤害事件发生，3000件事故发生的苗头以及30000个存在的危险隐患。例如，如果我们工作中存在3000个未能排除的危险隐患，那么接下来就可能会发生300个事故的苗头，如员工险些磕碰在尖锐的物品上，工作时被刀片割破手，拿取高温物品时被烫伤。再接下来，我们可能就不会那么幸运，就可能会发生重伤事故。

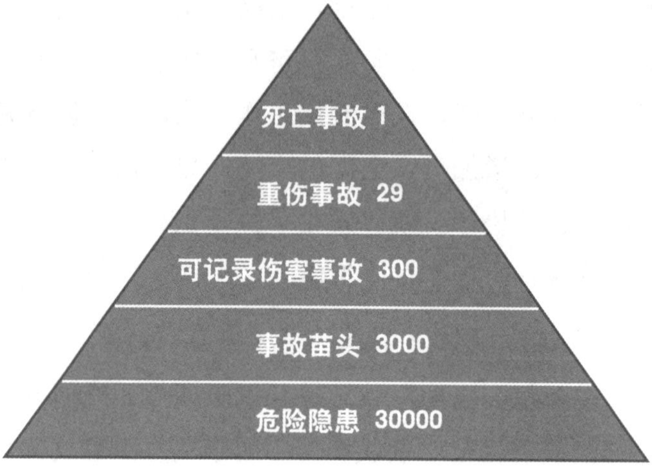

图7-28 海因里希法则中的金字塔模型

根据海因里希法则的金字塔模型，我们可以看出，轻微程度的危险在金字塔底部，发生的概率较大，有可能只是擦破皮或只是受到惊吓，带来的损失比较小。重大程度的危险发生在金字塔顶端，发生的概率较小，但是一旦发生，可能伤亡惨重。如果我们对轻微程度的危险坐视不理，重大的危险事故就一定会如期而至。

综上所述，危险程度也同样可用金字塔形状来表示时，如图7-29所示。

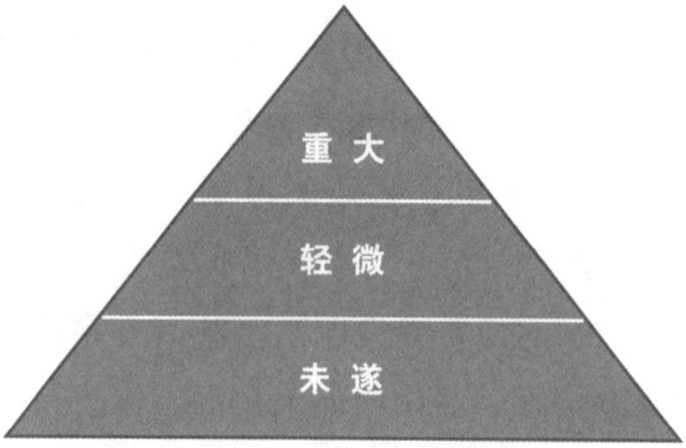

图7-29 危险程度的金字塔模型

我们再将以上金字塔的斜边定义为从事活动的风险高低，即金字塔斜边越陡，代表风险度越高，如图7-30、图7-31所示。

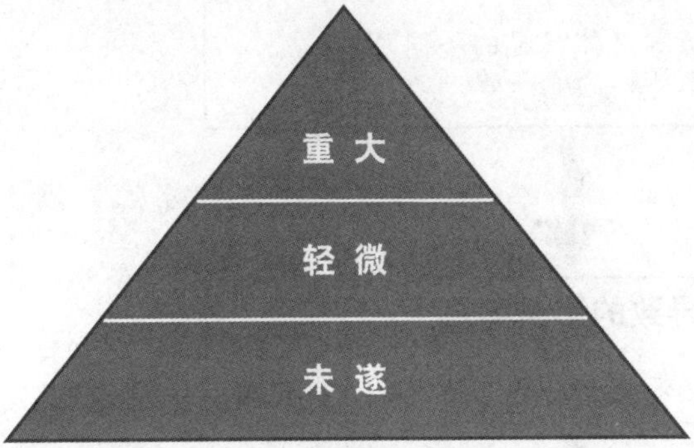

图7-30 轻微风险活动

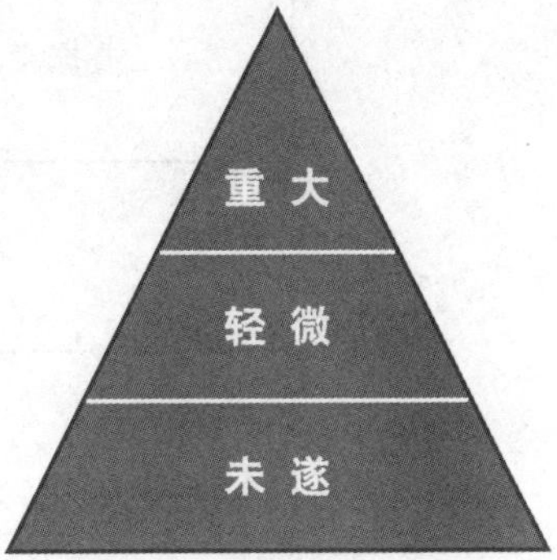

图7-31 高度风险活动

骑自行车和骑摩托车两件活动对比，就正好一个是轻微风险活动和一个高度风险活动。因为摩托车速度较快，重量也相对自行车重很多，因此，在同样速度的情况下，摩托车的动能（物体由于运动而具有的能量）较大。如果骑车出现了摔倒或撞击事故，骑摩托车产生的危害会比骑自行车产生的危害大，相较于骑自行车来说，骑摩托车就属于是高度风险活动。但是，这两个活动在出现危险时，都有可能出现重大、轻微、未遂事故。例如，骑自行车和骑摩托车时差一点把人撞到，这时就发生了两种风险活动的未遂事件。很显然，如果在条件允许的情况下，企业应该将高度风险活动尽可能减少，或者用轻微风险活动予以代替。例如在进行高空作业时，如果没有系安全绳，那就是属于高度风险活动。如果我们能够要求作业人员正确穿戴好安全带后再施工，就可以将高度风险活动转变为轻微风险活动，有的企业甚至专门采用有两个绳子的安全带，这样就可以把活动的风险降得更低。

六、人的行为模型和危险模型的联系

结合人的行为模型、错误类别和危险模型，我们可以清楚地看到危险的生成过程（见图7-32）。

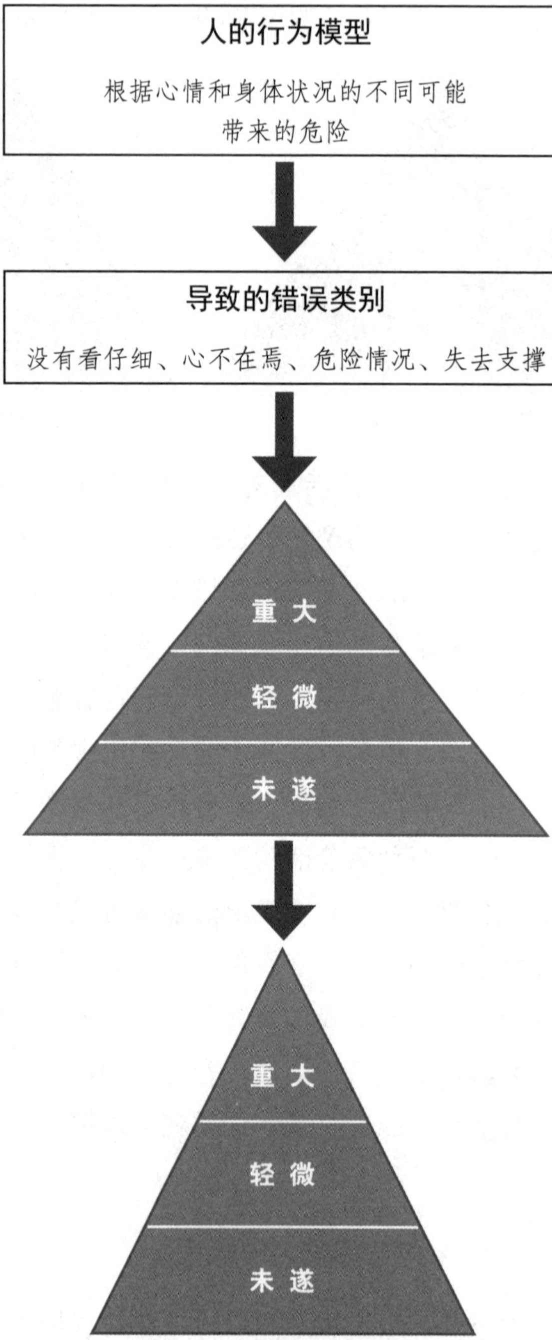

图7-32 危险的生成过程

以上便是人的行为模型和危险模型的关系。如果能够很好地识别人的行为，我们在工作和生活中就可以避免很多伤害。在不断推行安全改善的基础上，再对人的行为模型和危险模型加以了解，班组长就一定能够给我们的班组成员带来安全的生产环境，不断提高企业的安全水平。

附　录

常见的安全知识

一、禁令

生产厂区通用禁令

严禁违章指挥、违章作业、违反劳动纪律，严禁职工饮酒上岗。
严禁安全教育不合格的职工上岗。
严禁未按规定穿戴劳动防护用品的职工上岗。
严禁特种作业人员无证上岗。
严禁阻塞消防通道。

易燃、易爆、危险场所禁令

严禁吸烟、禁带火种及穿戴易产生静电的服装和带钉的鞋靴。
严禁用汽油等易挥发、易燃溶剂擦洗设备、工具、衣物及地面。
严禁使用易产生火花的工具、器具和使用非防爆电器。
严禁设备、管道无静电接地和跨接装置。
严禁日光暴晒易燃、易爆物料。

有毒有害危险场所禁令

严禁不按规定手续办理剧毒物质的保管、领取和使用。
严禁使用的容器未标明警示牌和未定置存放。
严禁无防备措施和未配备应急抢救器具。

严禁任意碰撞和损坏建筑物的防水、防火、防腐蚀、防震、避雷等设施。

机电设备禁令

严禁使用不可靠的安全保护、信号保险装置，严禁机电设备超负荷运转。

严禁在设备的转动部位穿越、跨载、传递物件和擦洗、触动转动部位。

严禁使用没有漏电保护装置的手持电动工具。

严禁在带压、带电、易燃易爆的管道、设备和受力构件上施焊。

严禁无安全措施进行设备检修和启动未经验收合格的检修设备。

压力容器禁令

严禁使用定期检查不合格和安全附件不合格的压力容器。

严禁超温超压使用压力容器。

气瓶禁令

严禁日光暴晒气瓶及抛滚、碰撞气瓶。

严禁气瓶靠近火源或其他高温热源，严禁可燃、助燃气瓶接触明火。

严禁气瓶接触油及腐蚀性物料。

严禁使用色标不清又未经分析的气瓶。

机动车辆禁令

严禁酒后、无证、疲劳驾驶机动车辆。

严禁驾驶机动车未佩戴头盔。

严禁酒后滋事和聚众斗殴。
严禁车辆带故障行驶，严禁人货混载行车。

动火作业禁令

严禁不与生产系统联系私自动火，严禁不清除周围易燃物动火。
严禁无防范措施、消防器材及无人监护动火。
严禁在无可靠措施的大风天气和雨天室外焊接。
严禁电焊作业二次线搭在工艺管线上，严禁焊具沾油污动火。

二、常用设备存在的安全隐患及危险点

三维混合罐

警戒线内无物品。
设备运行时，远离警戒线。
投料时防止梯子打滑、踩空。
上盖时防止扳手扭空。

锥形罐

无人看护时，切勿进罐清理卫生，旋转时远离警戒线。

槽形罐

机器运转时，切勿用手进去掏料，防止手臂被卷入。
清理卫生（尾料时）时关闭电源，防止误触开关。

上料机

如堵塞时应停机清理，不可用手掏料，以防绞笼咬伤。

打码机

使用过程中以及换字粒时，防止字粒烫手、打手。

旋盖机

使用过程中应远离红线（警戒线）防止机器伤手。

分装机

用后及时关闭充填开关，防止勿踩脚踏板伤手。

拉丝灌封机

使用过程中防止碎瓶扎手。

拉丝瓶温度过高，防止烫手。

远离火源，防止烫伤。

注意房间内煤气、氧气浓度。

注意煤气、氧气开关顺序。开机；先煤后氧。关机：先氧后煤。

粉碎机

防止皮带咬伤，如发现异常停机，及时处理。

封口机

防止加热管烫手，防止手被传送带压伤。

设备必须严格按照标准操作规程规范化操作，严禁违章作业；必须忠于职守，严禁设备无人操作、私自离岗，做与工作无关事项；严禁私自拆卸维修，必须找专业电工维修电路问题。

三、易燃易爆物品的安全管理

易燃易爆的物品必须按照企业的要求放置在危险品库内，不得私自更换。

遇水容易发生燃烧、爆炸的物品，不得存放在潮湿或容易积水的地点。

存放易燃易爆物品的地点，应配备品种数量充足的消防器材，并处于完好状态。

生产过程中产生易燃易爆产物及报废物品应妥善处理，不得随便倾倒、抛弃。

易燃易爆物品的包装、容器应完好无损，如发现破损、渗漏，必须立即处理。

存放易燃易爆物品的库房和场地，应保持阴凉、通风、干燥，并及时开关空调，采取通风措施。电器设施符合防爆要求，禁止架设临时线路。

装卸、搬运易燃易爆物品时尽量避免撞击、翻滚、重压，应轻搬、轻放。

受温度过高、阳光照射易发生燃烧或爆炸的液体，严格控制存放位置和储存条件。

四、日常常用安全知识

使用煤气前注意事项

使用煤气必须注意是否有臭味，确认无漏气时再开火使用，并注意通风要良好。

使用煤气钢瓶注意事项

钢瓶要注意检验期限，并附有检验合格标。

钢瓶要直立，且避免受猛烈震动。

放置于通风良好且避免日晒、雨淋、高温场所。

不可将钢瓶放倒使用。

钢瓶上不可放置物品，以免引燃。

煤气管线漏气的检查方法

怀疑煤气管有漏气时，不可用火柴或打火机点火测试，应以肥皂泡检查有无泄漏。

识别煤气外泄的方法

嗅觉——现用煤气中均掺有臭剂，漏出时会有臭味。

视觉——煤气外泄，会造成空气中形成雾状白烟。

听觉——会有“嗞嗞”的声音。

触觉——手接近外泄的漏洞，会有凉凉的感觉。

煤气漏气时的处置方法

发现煤气灶、开关和管道漏气，应立即关上总开关，停止使用煤气，并立即打开门窗，使空气流通，驱散煤气。

发现煤气泄漏，严禁火种进入，严禁开关电灯、电器、拉合电闸。

夜间发生煤气泄漏时，应用手电筒检查，鞋底不能带有金属片，以免与水泥地摩擦产生火花，引起煤气爆炸。

当发现煤气管道漏气时，应临时用棉纱、胶布包扎，及时关闭输气阀门，并及时报修。

要尽快拨打火警电话，告知明确地址和泄漏状况，不要耽误救援的时机。

使用煤气不当而产生一氧化碳中毒的处置方法

关闭煤气开关。

打开门窗通风。

为伤者提供新鲜空气。

为伤者解开束缚，畅通呼吸道。

视情况需要，施行人工呼吸或心肺复苏术。

煤气异味散去之前，勿开启或关闭任何电源开关，以免产生火花引起火灾。

一氧化碳中毒的症状

头痛、头晕、恶心、呕吐。

强烈虚脱感、呼吸及脉搏加速、意识模糊、身体无法自主移动。

脸色潮红、意识丧失、呼吸停止、痉挛，导致心跳停止而死。

蒸汽如何安全使用

刚开始用汽前，先开启进汽管路上的疏水门，将进汽管道内的积水排尽后，再开启蒸汽阀门。

打开进汽阀门时要缓慢，不能太快，以免剧烈震荡。

发现供汽管路漏气比较大，可能威胁到人身或者设备安全时，应首先关闭进汽阀门，并打开用汽管路上的放水放气阀门泄压。

供汽管路上的保温必须完整，防止把人烫伤。

供热管道上（或设备）安全阀必须是经过校验合格的，防止超压爆破伤人。

五、灭火器的使用

在使用灭火器之前，我们先要看看灭火器的保质期，过了保质期要及时更换。

在使用灭火器时，我们要先将瓶体上下颠倒几次，好使里面的干粉松动，然后再拔掉灭火器上的铅封，再拔掉灭火器的保险销。

把灭火器拿起来，左手握着喷管，右手提着压把，距离火焰2米左右，对准火焰根部顺风喷，直到把火扑灭为止。

六、哪些火灾不能用水扑救？

电器（水主要依靠冷却和窒息作用进行灭火）

电器发生火灾时，首先要切断电源，在无法切断电源的情况下，千万不能用水和泡沫灭火器扑救，因为水和泡沫都能导电。应选用二氧化碳、1211、干粉灭火器或者干沙土进行扑救，而且要与电器设备和电线保持2米以上的距离。

化学危险物品（密度小于水或不溶于水的易燃液体）

生产环境中常存有一定量的硫酸、盐酸、汽油、钾、钠、锂、醇类，易燃金属铝粉、镁粉等。这些物品遇水后极易发生反应，如发生意外，绝不能用水扑救。

计算机、精密仪器、贵重文献等

电脑着火应马上拔下电源，使用干粉或二氧化碳灭火器扑救。如果发现及时，也可以拔下电源后迅速用湿地毯或棉被等覆盖电脑，切勿向失火电脑泼水。因为温度突然下降，可能会使电脑发生爆炸。

燃料油、油漆

燃料油或油漆起火不能用水浇，用泡沫灭火器、干粉灭火器、1211灭火器或沙土进行扑救。

食用油锅

油锅起火时，千万不能用水浇。因为水遇到热油会形成“炸锅”，使油火到处飞溅。扑救方法是，迅速将切好的冷菜沿锅边倒入锅内，火就会自动熄灭。另一种方法是，用锅盖或能遮住油锅的大块湿布遮盖到起火的油锅上，使燃烧的油火接触不到空气而自动熄灭。

参考文献

[1]崔政斌,冯永发.杜邦十大安全理念透视[M].北京:化学工业出版社,2013.

[2]刘树华,鲁建厦,王家尧.精益生产[M].北京:机械工业出版社,2010.

[3]王维俊.不可小视交接工作[N].解放军报,2008-07-01.

[4]代武季.起重机的安全技术检查[J].科技视界,2012(21):142-145.

[5]中华人民共和国国务院.危险化学品安全管理条例[Z],2002-01-26:19-21.

[6]新元公司“2.19”顶板事故案例分析.煤矿安全网[EB/OL].2014-10-02:http://www.mkaq.org/html/2014/10/02/274102.shtml.

[7]厂房、库房安全出口的设置规定.安全管理网[EB/OL],2014-04-15:http://www.safehoo.com/manage/system/common/201404/348006.shtml.

[8]徐敏,张浩.劳动防护用品知识学习手册[M].北京:中国劳动社会保障出版社,2018:46-52.

[9]职业危害因素的三大类型.职业病网[EB/OL],2018-12-11:http://news.zybw.com/cs/yf/12963.html.

[10]谭晓慧.铅为何让古罗马帝国亡国[J].时代发现,2012(1):25.

[11]用电安全小知识[J].智能建筑电气技术,2013(1):133.

[12]机械安全通用技术.安全管理网[EB/OL],2013-02-01:http://www.safehoo.com/item/301690.aspx.

[13]毕明树.气体和粉尘爆炸防治工程学[M].北京:化学工业出版社,2012.

[14]刘金.有限空间作业安全知识[M].北京:中国劳动社会保障出版社,2018.

[15]胡忆沩,陈庆,杨梅.危险化学品安全实用技术手册[M].北京:化学工业出版社,2013.

[16]兰海.当职业从工厂开始:工厂新人指南[M].北京:化学工业出版社,2013.